Fay Weldon

Briefe an Alice

oder
Wenn du erstmals
Jane Austen liest

Aus dem Englischen von
Angela Praesent

rororo

Rowohlt

Die Originalausgabe erschien unter dem Titel «LETTERS TO ALICE on first reading Jane Austen» 1984 by Michael Joseph Ltd., London
Umschlagentwurf Isa Petrikat-Velonis
(Foto der Autorin von Jerry Bauer)

18.–21. Tausend Januar 1993

Veröffentlicht im Rowohlt Taschenbuch Verlag GmbH,
Reinbek bei Hamburg, Juli 1987

Satz aus der Bembo Monotype Lasercomp
durch LibroSatz, Kriftel
Gesamtherstellung Clausen & Bosse, Leck
Printed in Germany
890-ISBN 3 499 15896 5

Für meine Mutter (nicht diejenige in diesem Buch,
diesem Briefroman; *sie* nämlich ist ganz und gar erfunden,
ebenso wie Alice, Enid und so weiter),
der ich an Moral und Weisheit
alles verdanke, was ich besitze.

Inhalt

[illegible] der [illegible]

[illegible] man [illegible]

[illegible] man [illegible]

[illegible] warst Du [illegible] und [illegible]

[illegible] Bist Du [illegible] mit

[illegible] schwarz [illegible]

[illegible] beunruhigt [illegible]

[illegible] Schritt in Richtung [illegible]

[illegible] und [illegible]

[illegible]

Erster Brief

Die Stadt der Erfindung

Cairns, Australien, Oktober

Meine liebe Alice,
es tat gut, Deinen Brief zu bekommen. Ich bin hier sehr weit fort von zu Hause, fast im Exil. Und Du fragst mich um Rat – das wärmt und gibt mir das Gefühl, ich müsse wohl etwas wissen; oder wenigstens mehr als Du. Der Eindruck, man wisse immer weniger, je älter man wird, ist entmutigend. Als ich Dich das letzte Mal sah, warst Du zwei Jahre alt, blond und engelhaft. Nun, höre ich, bist Du achtzehn, färbst Dir die Haare mit Pflanzenfarben schwarz und grün, und Deine Mutter, meine Schwester, ist beunruhigt. Vielleicht bedeutet Dein Brief an mich einen Schritt in Richtung auf eine mögliche Versöhnung zwischen Dir und ihr? Ich werde mich in Euer Verhältnis nicht einmischen; ich werde mich auf die Fragen beschränken, die Du aufwirfst.

Nämlich Jane Austen und ihre Bücher. Du erwähnst nebenbei, daß Du am College englische Literatur belegt hast und Jane Austen lesen mußt; daß Du sie langweilig, unbedeutend und irrelevant findest und Dir nicht vorstellen kannst, was für einen Zweck das haben soll, daß Du sie liest, wo die Welt doch in der Krise steckt und die Zukunft katastrophal aussieht.

Du liebes Kind! Meine liebe hübsche kleine Alice, jetzt mit schwarz-grünem Haar –

Besteht die mindeste Hoffnung, daß ich Dir erklären kann, was LITERATUR ist, die in Großbuchstaben? Gescheit genug bist Du. Du konntest mit vier Jahren lesen. Aber dann hast Du Dich, ganz vernünftig, dem Fernsehen zugewandt und es als Dein Fenster zur Welt benutzt; hast Deinen Hunger auf Information, auf Geschichten mit Anfang, Mitte und Ende mit den leicht verfügbaren, schmackhaften Stoffen aus dem Kasten im Wohnzimmer gestillt, und (wenn meine Erinnerung an Deine Mutter mich nicht trügt) sicher auch in Deinem eigenen Zimmer. Du hast Dich in Schlaf gewiegt mit Bildern von Gewalt und den gröberen Formen menschlichen Agierens und Reagierens; mit Geschichten, in denen es für jede schlichte Handlung ein schlichtes Motiv gibt, in denen nichts unerklärlich ist und sogar Gott auf nicht rätselhafte Weise handelt. Und jetzt wird Dir klar, daß dies nicht genug ist; Du hast den Verdacht, daß es noch mehr gibt, daß Deine eigenen Gefühle und Reaktionen tausendmal komplizierter sind, als die blecherne Tele-Darstellung von Wirklichkeit es je vermuten ließ; Du spürst, das ahne und hoffe ich, etwas von Unendlichkeit, vom Zauber der Schöpfung, vom Wunder der Liebe, vom Glanz des Daseins; Du siehst Dich, erfüllt von Deinem ungezähmten neuen Verständnis, Deiner unerwarteten Vision, nach Gefährten um und triffst auf die gleichen Zombie-Blicke, die gleichen bleichen Gesichter und gefärbten Wattehaare; und schließlich wendest Du Dich der Bildung, der Literatur, den Büchern zu und findest sie Dir verschlossen.

Nicht verzweifeln, kleine Alice. Halt nur durch, und Du wirst sehen, Jane Austen bietet Dir alles. Gerade eben ist eine Kokosnuß vom Baum gefallen und hat knapp den Kopf eines meiner Mitgäste verfehlt, hier in diesem Hotel an einem strahlend blauen tropischen Meer, wo den Seeigeln in der Paarungszeit (die sich nicht klar bestimmen läßt) im flachen Wasser unsichtbare, zehn Meter lange Fäden wachsen, von deren bloßer Berührung ein Kind sterben kann und sicher auch ein leicht schockierbarer Erwachsener. Bleib aus dem Wasser, und die Kokosnüsse erwischen Dich!

Aber auf dem kleinen Bücherregal hier steht ein Exemplar von Jane Austens *Emma*, mit allen Merkmalen eifrigen Gebrauchs. Die anderen Bücher sind noch zerlesener – Thriller und Schnulzen, wenig haltbare Dinge. Diese Bücher eröffnen ein kleines quadratisches Fenster, durch das Du auf die Welt blicken und die Marionetten beobachten kannst, die sie draußen für Dich tanzen lassen. Sie haben wenig Ähnlichkeit mit Menschen, mit irgend jemandem, der Dir je begegnet ist oder begegnen könnte. Diese Gestalten existieren nur für die Zwecke der Handlung, und die Bücher, in denen sie auftauchen, bedrohen den Leser in keiner Weise; sie legen ihm oder ihr nicht nahe, nachzudenken oder gar sich zu *verändern*. Aber da sie so sicher sind, bleiben sie natürlich auch ohne Wirkung – sie können niemals Einsichten vermitteln. Und weil sie keine Einsicht hervorbringen, sind sie unbedeutend. (Außer natürlich, es wird an sie geglaubt: dann werden sie gefährlich. Zu *glauben*, eine Schnulze spiegle das wirkliche Leben wider, heißt, in dauernder Enttäuschung zu leben. Es wird von einem erwartet, daß man ihnen glaubt, solange man sie liest, und keinen Augenblick länger.) Diese Bücher, die abgegriffenen, die Thriller und Schnulzen, sind austauschbar. Sie werden dazu benutzt, die Grillfeuer anzuzünden, wenn die Sonne hinter den wilden Bergen versinkt und Hunger in der Luft liegt – nicht nur nach einem Steak mit Chilisauce, sondern ein echtes menschliches Verlangen nach Lebendigkeit, Sex, Erfahrung, Wandel. Die Seiten lodern auf, werden rot, werden schwarz, verlöschen. Das Steak brutzelt, dank einem Exemplar von *Gorki Park*. Alle essen.

Aber niemand verbrennt *Emma*. Niemand würde das wagen. Zu viel ist darin konzentriert: zu viel Geschichte, zu viel Achtung, zu viel vom Wesen der Kultur – und die ist, das muß ich

Dir sagen, mit ihrer Literatur verbunden. Mit LITERATUR, die etwas anderes ist als einfach nur Bücher. Natürlich hat Hitler es fertiggebracht, auch Literatur und nicht einfach nur Bücher zu verbrennen und damit die kulturelle Vergangenheit seiner Nation, und keiner hat es je vergeben oder vergessen. Man muß wirklich *böse* sein, um Literatur verbrennen zu können.

Wie kann ich Dir dieses Phänomen erklären? Wie kann ich Dich von dem Vergnügen an einem guten Buch überzeugen, wenn Du McDonald an der einen Straßenecke und *An American Werewolf in London* an der nächsten hast? Ich leide selbst an der weit verbreiteten nervösen Furcht vor Literatur. Wenn ich in Ferien fahre, lese ich erst die Thriller, dann die Science-fiction-Bücher, dann die Sachbücher und dann *Krieg und Frieden* oder welches Buch ich mir gerade zu lesen vorgenommen habe, längst gelesen haben sollte, halb lesen möchte und doch erst ganz lesen möchte, sobald ich angefangen habe. Natürlich fürchtet man sich davor, natürlich ist man davon überwältigt: man sieht mit Vorfreude und Angst der Ohnmacht entgegen, dem fast erotischen Genuß, den eine gute Passage in einem guten Buch vermittelt; wenn etwas Unbenennbares passiert. Ich weiß nicht, was da passiert: ist es die Lust der Begegnung einer Denkweise mit einer andern, unbehindert von den dazugehörigen Körpern? Die Lust daran, daß unsere eigene Erfahrung plötzlich Form und Gestalt anzunehmen beginnt? Aber ja, rufen wir, ja, ja, so ist es! Aber wir müssen stark sein, um wissen zu wollen; wenn plötzlich etwas passiert, wenn wir auf die *Idee* stoßen und entdecken, daß sie mehr ist als die Summe der Teile, aus denen sie besteht – wenn wir begreifen, daß die Idee mehr ist als die Summe der Erfahrungen. Es kostet Mut zu begreifen, nicht nur *was* wir sind, sondern *warum* wir sind.

Vielleicht bekommst Du es in Deinem Seminar über englische Literatur besser erklärt. Ich hoffe es. Ich bezweifle es. An solchen Orten (so kommt es mir wenigstens vor) nehmen die Leute vorne am Pult etwas, das sie nicht ganz verstehen, von dem sie aber vermuten, es sei bemerkenswert, und zerlegen es in seine Bestandteile, in der Hoffnung, so sein wahres Wesen zu entdecken. Genausogut kannst Du eine Fliege zerstückeln und hoffen, daß die Stücke das Geschöpf erklärlich machen. Danach weiß man mehr, versteht aber weniger. Man besitzt mehr Informationen und weniger Weisheit. Ich möchte nicht (unbedingt) die literaturwissenschaftlichen Seminare beleidigen oder auch nur einen Moment lang behaupten, Du wärst außerhalb ihrer Obhut besser dran als unter ihr: ich sage nur, sei vorsichtig. Und ich spreche als eine Autorin, die in (einigen) literaturwissenschaftlichen Seminaren und (vielen) Frauenstudien-Kursen untersucht wird; und ich sage bewußt «als eine Autorin», denn sie erforschen nicht nur meine Romane (auf Werke der schöpferischen Phantasie, wie sie das nennen, darf jeder Jagd machen), sondern sie möchten schließlich am liebsten *mir* zu Leibe rücken, und ich bin kein tauglicher Forschungsgegenstand.

Ich, als Autorin von Romanen, bin nämlich eine Sache für sich. Was Du von mir *liest*, ist die letzte von drei oder vier Fassungen, ist Fiktion – und das bedeutet, eine ordentlich formulierte Sicht von der Welt. Aber ich selbst, wie ich lebe, rede, Rat erteile, diesen Brief schreibe, bin nur ein erster Entwurf; bitte vergiß es nicht. Als die Person, die versucht, Dich dazu zu bewegen, mit Genuß *Emma* und *Überredungskunst* und *Mansfield Park* und *Die Abtei von Northanger* und *Stolz und Vorurteil* und (bei Gelegenheit) *Vernunft und Gefühl* und (so oft wie möglich) *Lady Susan* zu lesen, bin ich jemand ganz anderes. Glaub mir oder laß es bleiben, ganz wie Du willst. Aber hör mir bis zum Ende zu.

Du *mußt* lesen, Alice, bevor es zu spät ist. Du mußt Deinen Kopf mit den erfundenen Bildern der Vergangenheit füllen, mit je mehr davon, desto besser. Mit den literarischen Bildern aus Beowulf und Chaucers Weib von Bath und Falstaff und Elizabeth Bennet und dem Mädchen mit dem grünen Hut – und mit Hazel aus *Unten am Fluß*, wenn es sein muß. Diese Bilder werden Dir zumindest helfen, Dir das Einmaleins des Lebens anzueignen, und je mehr Bilder Du im Kopf behältst, desto prächtiger wird der sternenbesetzte Baldachin der Erfahrung, unter dem Du, armes, primitives Geschöpf, das Du bist, Schutz suchst; desto näher kommst Du dem großen, funkelnden Leitstern der Idee, die uns alle beseelt.

Nein? Ein zu üppiges, zu peinliches Bild? Wäre es Dir lieber, wenn ich auf sicherem Grund bliebe und sagte: «Die Literatur steht am Tor der Zivilisation und wehrt Gier, Wut, Mord und Barbarei jeglicher Art ab»? Mir selbst gefällt das nicht sonderlich: ich denke, ich kann heutzutage mit der gleichen Wahrscheinlichkeit innerhalb wie außerhalb der Tore der Zivilisation im Bett vergewaltigt und ermordet werden. Oder womöglich geht die Zivilisation unter, weil die Literatur beiseite getreten ist und wir nur noch Bilder anglotzen? Weil wir fernsehen und nicht lesen und so die Fähigkeit zur Reflektion einbüßen? Dann stünden nur noch die literaturwissenschaftlichen Seminare der Universitäten zwischen uns und dem Untergang!

Nein? Ich merke, daß ich die Literatur durch das zu definieren versuche, was sie tut, nicht durch das, was sie ist. Durch die Erfahrung mit ihr, nicht durch die Idee von ihr.

Versuchen wir es mal anders.

Stell es Dir so vor, wie ein Fernsehkameramann eine Einstellung wählt, mit der er Sue Ellen hübsch in die Bildmitte bekommt. Laß mich Dir die Stadt der Erfindung zeigen, laß sie uns gemeinsam erkunden. Romanautoren tun nämlich nichts anderes (habe ich zum Zweck Deiner Bekehrung beschlossen), als Häuser der Phantasie zu bauen, und wo sich viele Häuser zusammendrängen, da ist eine Stadt. Und was für eine Stadt das ist, Alice! Näher an die himmlische Stadt kommen wir armen Sterblichen nicht heran. Die Stadt der Erfindung glitzert und gluckert vor Leben und Klatsch und Farbe und Hirngespinsten; sie strahlt, sie ist erleuchtet, am Tag von der Sonne der Begeisterung und bei Nacht vom Mond der Inspiration. Sie ist voller Türme und Zinnen, erstreckt sich in achtunggebietende Höhen hinauf und hinab in schwindelerregende Abgründe; es gibt öffentliche Gebäude darin und würdige alte Denkmäler, die manche langweilig und andere großartig finden. Sie hat ihre Zentren und ihre Vorstädte, manche gepflegt, andere verwahrlost, manche sicher, andere bedrohlich. Gegründet, Haus für Haus gebaut haben diese Stadt die Romanciers, die Schriftsteller, die Dichter. Und in diese Stadt kommen die Leser, um zu bewundern, zu lernen, zu staunen und sich umzusehen.

Laß uns die Stadt besichtigen, uns mit ihr vertraut, sie zu unserer ewigen, unsterblichen Heimat machen. Das alles überragende Herz der Stadt ist natürlich die großartige Burg Shakespeare. Man sieht sie, wo man sich auch befindet. Sie reicht hinauf bis in die Wolken, den Himmel, beherrscht alles. Ehrlich gesagt, sie ist ziemlich unregelmäßig gebaut. Manche klagen, sie sei protzig und teilweise schlampig konstruiert, andere murren, sie sei überhaupt nicht von Shakespeare erbaut, und ein paar Leute sagen, man sollte das ganze Ding abreißen, um Platz für Neueres und Wichtigeres zu schaffen, und dieses erstklassige Baugelände für jüngere Talente freigeben. Aber die Burg bleibt ein Jahrhundert nach dem andern hindurch stehen, und wie sehr sich die Architekten auch anstrengen, sie bringen nie etwas ganz so Grandioses zustande; und die Besucher kommen in Scharen, und die Fremdenführer werden immer wieder neu geschult, finden immer neue Weisen, das alte Bauwerk zu erklären. Es ist mehr als ein Lebenswerk.

In dieser Stadt der Erfindung gehen die Leser ein und aus, ohne persönlich eingeladen zu sein, schlendern durch die blätterübersäten Alleen, hasten durch die schauerlichen Slumgegenden, winken einander über die Jahrhunderte hinweg zu, durch die Bogengänge der Jahre. Wenn ich von den «Bogengängen der Jahre» spreche, klingt das für Dich sicher komisch. Aber ich weiß, was ich tue: die sich irrt, bist Du. Geprägt hat diese Wendung Francis Thompson – ein katholischer Dichter, spätes 19. Jahrhundert – in seinem ein bißchen lächerlichen, aber einprägsamen Gedicht «Der Hund des Himmels»:

Ich floh Ihn, durch die Nächte und die Tage
Ich floh Ihn, durch die Bogengänge der Jahre

In diesem Gedicht geht es um Gott, der einer entfliehenden Seele nachjagt, ihr nachspürt wie ein Jagdhund. Er holt sie am Ende ein. Wenn ich die «Bogengänge der Jahre» anführe, dann versuche ich den Gefühlston des Gedichts anklingen zu lassen, die Kraft wie die leichte Absurdität des ganzen Gedichts, die in den vier Wörtern steckt, mit denen ich meinen Satz geschmückt habe. Nenn es Diebstahl, nenn es Kameradschaft unter Schriftstellern, oder nenn es Resonanz (da Du ja jetzt Literaturwissenschaft studierst). Ich glaube nicht, daß es sehr wichtig ist. Auf solche Mittel verließen sich Schriftsteller früher bei ihren Bemühungen, ernstgenommen zu werden, und jetzt können sie es nicht mehr tun. Wir sprechen zu einem Publikum (und ich sage bewußt sprechen und nicht schreiben: heutigen Autoren bleibt kaum noch etwas anderes übrig, als auf Papier aufzuschreiben, was sie auch aussprechen könnten, wenn ihre Zuhörer nur lang genug stehenbleiben würden) und zu einer Generation, die so wenig gelesen hat, daß sie nur die Umgangssprache versteht. Ich glaube nicht, daß es sehr darauf ankommt. Ich glaube daran, daß Schriftsteller sich ändern und anpassen müssen. Es hat keinen Zweck, Vergangenem nachzuweinen: die Menschen heute sind so wertvoll wie die Menschen damals. Du wirst es mir einfach abnehmen müssen, daß auch heute noch die Wörter, die ein Schriftsteller verwendet, tief in der geschriebenen Geschichte wurzeln. Wörter sind nicht einfach Dinge; sie nehmen, wie sie es zu allen Zeiten getan haben, Macht und Bedeutung an.

Ich wette 500 Pfund darauf, daß Du «Der Hund des Himmels» nie gelesen hast.

Aber zurück zu unserer Stadt der Erfindung. Laß es mich so ausdrücken – Schriftsteller schaffen Häuser der Erfindung, von deren Türen aus die Generationen einander grüßen. Stets sind Meinungsverschiedenheiten und Diskussionen zu vernehmen. Hätte Madame Bovary das Arsen futtern sollen? Hätte sich Anna Karenina vor den Zug geworfen, wenn Tolstoi eine Frau gewesen wäre? Hätte Darcy Elizabeth irgendwo anders als in der Stadt der Erfindung geheiratet? Und so weiter, durch die Jahrhunderte.

Und indem wir so diskutieren und Erfahrungen austauschen, verstehen wir uns selbst und einander, unsere Vergangenheit und unsere Zukunft. In der Literatur – den Romanen, den Phantasien und Fiktionen der Vergangenheit – findest Du die wirkliche Geschichte, nicht in den historischen Lehrbüchern. Thomas Morus' *Utopia* erzählt uns ebensoviel über sein eigenes Jahrhundert, seine eigene Welt, wie über diejenige, die er zur Erbauung seiner Zeitgenossen erfand.

Schriftsteller sind bevorzugte Besucher hier in der Stadt der Erfindung; schließlich besitzen sie das eine oder andere Haus am Ort. Vielleicht ein angesehenes und gepflegtes; oder eines, das nie viel galt und nun bis zur Unbewohnbarkeit verfällt. Aber irgendein Haus hier zu haben, selbst wenn es nie über die Planungsphase hinausgekommen ist und in Verzweiflung aufgegeben wurde, bedeutet, daß man das Wunderbare an dieser Stadt klarer begreift und weiß, wie ihre Häuser gebaut sind; daß zwar ein Backstein weitgehend dem andern gleicht und alle Baumeister in ziemlich ähnlicher Weise ihrer Arbeit nachgehen – und dennoch einige Gebäude gut werden, andere schlecht. Und ganz wenige, manchmal solche, von denen man es am wenigsten erwartet hätte, bleiben bestehen und zerbröckeln nicht im Verlauf der Jahrzehnte.

Schriftsteller, Baumeister, gute und schlechte, wissen um diese Dinge Bescheid und sind darum gewöhnlich höflich zueinander, und sehr viel freundlicher als die Leute, die als Außenseiter zu Besuch kommen. Baumeister sind von unterschiedlicher Intelligenz, Zielstrebigkeit, Begabung und Tüchtigkeit; sie bauen mit unterschiedlicher Qualität in den verschiedenen Stadtteilen. Manche bauen, weil sie es müssen, weil sie dafür oder davon leben, weil sie sich dazu berufen fühlen; andere tun es, um etwas zu beweisen oder die Welt zu verändern. Aber man braucht Mut, Ausdauer, Zuversicht und einen Überschuß an Lebenskraft, um überhaupt zu bauen. Die *Ganzheit* eines Schriftstellers, Alice, wird von der realen Welt nicht aufgenommen. Etwas bleibt übrig: genug, um diese andern, begrenzten Wirklichkeiten bauen zu können.

Jane Austen hatte sehr viel übrig. Das kam daher, könnte man sagen, daß sie sich nicht körperlich damit erschöpfte, in der Welt herumzurennen, einem Mann zu Gefallen zu sein oder Kinder zu versorgen. (Aber das hat sie nicht vor einem frühen, unerfreulichen Tod bewahrt.) Und wenngleich dies bedeutet, daß sie sich einen vielleicht sichereren, eher weltabgewandten Bauplatz für ihre Häuser aussuchte (der sich doch als ein lieblicher, grasbewachsener, wohlgefälliger Hügel herausstellte), als sie ihn unter andern Umständen gewählt hätte, gab sie sich doch durch ihr Schreiben ein weiteres Leben, das länger währte als ihr eigenes; ein literarisches Leben. Ich bin sicher, daß dies nicht ihre Absicht gewesen war. Aber so ist es geschehen. Sie atmete einfach tief hinein in die Quelle ihrer eigenen Kraft, ihres Lebens, und atmete hundert verschiedene Leben aus. Sie besaß genug Energie, um zu bauen. Manche Leute freilich behaupten – und ich neige dazu, ihre Absicht zu teilen –, die dauernd Energie erzeugende Reibung eines mit Haushaltspflichten erfüllten Lebens als Ehefrau und Mutter bringe eine ganz eigene, vorwärtsdrängende Kraft hervor und ein ebenso intensives inneres Leben wie die umsichtige, nachdenkliche, nur der Kunst allein gewidmete Existenz. Andere Leute bestreiten das.

Es gibt alle möglichen Sorten von Schriftstellern, Alice. Da hast Du Charles Dickens und die heilige Theresa von Ávila, die überhaupt nicht brave, von Liebhabern und Kindern umgebene George Sand – und Du hast Jane Austen. Schriftsteller handhaben ihr Leben und ihre Persönlichkeit und die Familie und das Jahrhundert, in das sie hineingeboren wurden, so gut sie eben können; sie tun für ihre alltägliche Existenz, was sie tun müssen, und bauen in der Stadt der Erfindung.

Es wird voll hier heutzutage, wie überall. Schau Dich um. Fast keine Stelle mehr, auf der nicht schon gebaut ist! Bleibt die Möglichkeit, daß sie einen anderen Ort erschließen, und so wird es wahrscheinlich kommen: sie werden einen Abhang entdecken, der bislang als Ödland galt, sich mit ein bißchen Findigkeit aber durchaus bebauen läßt. So, wie die Stadt heute ist, erstreckt sie sich weit in alle Richtungen, dringt mit trostlosen neuen Vororten bis zu einem dunstigen Horizont vor. Alle möglichen Leute entschließen sich jetzt, hier zu bauen, nicht mehr nur die, die dafür geboren sind. Ungelernte Schriftsteller können etwas zusammenzimmern, das einige Ähnlichkeit mit einem richtigen Haus besitzt, und sogar eine gewisse Zahl von begeisterten Besuchern anziehen. Innerhalb eines Jahres fällt das

Gebäude in sich zusammen, und dann nutzt schnell jemand anderes das Grundstück – füllt die Lücke auf den Drehständern der Bahnhofsbuchläden. Aber das Ergebnis ist, daß die Busfahrt ins Zentrum der Stadt endlos lang zu dauern scheint – so viele Bücher, so ungeheuer viele, bevor man zu jenen herrlichen Plätzen kommt, wo die Besucher sich drängen und die Touristen hingerissen Mund und Augen aufsperren; und ich möchte, daß Du dort hinkommst, Alice, obwohl Dir niemand mit gutem Beispiel vorangegangen ist. (Ich weiß, daß Deine Mutter Bücher über Tennis liest; ich bezweifle, ob sie je wieder einen Roman gelesen hat, nachdem eine Überdosis Georgette Heyer sie dazu brachte, Deinen Vater zu heiraten. Bücher können gefährlich sein.) Ich möchte nicht, daß Dir die Vergnügen der Literatur entgehen. Schließlich bist Du trotz allem mein Fleisch und Blut.

Ich kann Dir einen Hinweis auf die geographische Lage der Stadt geben. Sie liegt in der Mitte zwischen dem Weg zum Himmel und dem Weg zur Hölle; diese beiden Wege waren auf dem Stich abgebildet, der im Kinderzimmer von mir und Deiner Mutter hing – bevor ich den breiten, lustvollen Weg zur Hölle einschlug, indem ich mit unserem Vater ging, als er auszog, und Deine Mutter auf dem schmalen, steilen Pfad der Rechtschaffenheit blieb, der zum Himmel führt, indem sie zu unserer Mutter hielt. Was für Dramen sich damals abspielten! Ach, kleine Alice mit Deinem grünen und schwarzen Haar, Du ahnst nicht, wie sehr sich die Welt in vierzig Jahren verändert hat.

Bevor Du Jane Austen richtig würdigen kannst, mußt Du ein wenig, ein ganz klein wenig mit der Stadt der Erfindung vertraut sein; jedenfalls mit ihren wichtigeren Gegenden. Die größten Baumeister arbeiten auf den Hügeln, im Schatten dieses oder jenes prächtigen Schlosses. Sie legen ganze Straßen an, in denen es würdig und respektabel zugeht: Mannstraße, Melville Avenue, Galsworthy-Weg. Du mußt zumindest wissen, *wo* die liegen. Vielleicht macht es mehr Spaß, an den Plätzen herumzuschnüffeln, wo ein Naiver fast aus Versehen ein glitzerndes Gebäude errichtet hat – Tressels *Ragged Trousered Philanthropists* zum Beispiel oder Flora Thompsons *Lark Rise to Candleford* oder James Stevens' *The Caretaker's Daughter* –, oder wo ein Kind etwas geschafft hat, was ein Erwachsener nicht kann. Der Pfad hinauf zu Daisy Ashfords *Young Visitors* ist immer voller entzückter Besucher. Aber man kann überall mit Genuß herumspazieren, vor allem, wenn man nicht allein ist. Du kannst die weltläufigeren Viertel durchstreifen, bei Sartre oder Sagan vorbeischauen, oder die bescheideneren Gassen und Dir dabei sagen: das ist ein gutes Haus für diese Gegend, oder: das hier ist wirklich eine Schande für die Nachbarschaft! Manchmal wirst Du auf ein ziemlich wackliges Gebäude stoßen, das aber so gut gelegen und so hübsch angestrichen ist, daß es die Besucher – und auch die Kritiker – für sich einnimmt; und alle drängen sich dort, rufen «Welch ein Meisterwerk!» und zeichnen es mit Preisen aus. Doch wenn die Zeit verstreicht, die Farbe abblättert, die ernsthaften Besucher ausbleiben, dann enthüllt es sich schließlich als das, was es ist: ein uninteressantes, unbedeutendes Haus.

Du wirst feststellen, daß die Gebäude ohne erkennbaren Grund in der Gunst der Besucher steigen und fallen. Wer liest heute schon Arnold Bennett oder Sinclair Lewis? Aber mit einigem Glück werden sie vielleicht schon bald wiederentdeckt. «Wie interessant», werden die Leute sagen und die knarrenden Türen aufdrücken. «Wie erstaunlich! Spürst Du die Atmosphäre hier? So vertraut, so wahr – das Verblüffende, das sich als das Gewöhnliche ausgibt. Warum waren wir bloß so lange nicht mehr hier?» Und dann wird ein Bennett, ein Lewis oder wer immer neu entdeckt; die Häuser seiner Phantasie werden restauriert, renoviert, man ölt die Scharniere der Türen, damit sie sich leichter öffnen lassen, und der Baumeister, der Schriftsteller, nimmt wieder den ihm gebührenden Platz in der großen andersweltlichen Rangordnung ein.

Baumeister bitten manchmal selbst Besucher herein (und sind gekränkt, wenn die sich nicht umsehen), aber immer empfinden sie die Besucher als anspruchsvolle, schwierige Leute: sie scheinen keine Ahnung zu haben, eine wie riskante Sache das Bauen von Häusern ist. Wenn sie nur die Zeit hätten, sagen die Besucher, täten sie es selbst. Dabei habe ich ein so spannendes Leben geführt, sagen sie. Ich sollte wirklich eines Tages einmal alles aufschreiben, ein Buch daraus machen! Und tatsächlich haben sie ein spannendes Leben gehabt, aber die bloße Aufzeichnung von Ereignissen ergibt kein Buch. Die Aneinanderreihung von Erfahrungen ergibt keine Idee. Zu urteilen ist für den Leser tausendmal leichter als das Erfinden für den Schriftsteller. Der Schriftsteller muß seine Idee und seine Gestalten aus dem Nichts herbeibeschwören und Wörter im Flug einfangen und sie aufs Papier nageln. Der Leser hat etwas, woran er sich festhalten und wovon er ausgehen kann, und das hat ihm der Autor großzügig zur Verfügung gestellt. Trotzdem fühlt sich der Leser berechtigt zu mäkeln.

Manche Baumeister bauen ihre Häuser und weigern sich, die Tür aufzumachen, so sehr fürchten sie sich vor Besuchern. In Schubladen und Schränken im ganzen Land liegen, darauf könnte ich schwören, die versteckten Manuskripte durchaus publizierbarer Romane, die nie das Licht der Welt erblicken werden, weil es an einer Versandtüte, einer Briefmarke und ein bißchen Nervenstärke fehlt. Gegen das Genie ist kein Kraut gewachsen, aber ich bin nicht so sicher, ob es sich auch immer zu erkennen geben will.

Wenn ein Baumeister die Tür eines soeben fertiggestellten Hauses öffnet und die Kritiker und die Menge hereinströmen, muß er manchmal wünschen, er hätte die Tür nie aufgemacht. Hardy schrieb nie wieder einen Roman, nachdem *Jude der Unberühmte* erschienen war, so entsetzt waren die Kritiker von dem Werk, und so entsetzt war Hardy von den *Kritikern.*

Dabei verstehe ich sie durchaus. *Jude der Unberühmte* hat mich für geraume Zeit vom Lesen abgehalten. Ich schob meine Besuche in der Stadt der Erfindung hinaus, weil ich mich vor dem fürchtete, was ich dort finden würde; den Riesen Verzweiflung zum Beispiel, der durch die bisher heiteren Straßen streift und den nichtsahnenden Besucher auf den Kopf haut. Hardy, befanden die Kritiker, hatte den Käfig aufgeschlossen und den Riesen entwischen lassen; schlimmer noch, er hatte die Tore der Stadt geöffnet, den Riesen geradezu eingeladen und somit die öffentliche Sicherheit dort gefährdet.

Wenn Du auf Sicherheit aus bist, gehst Du besser hinunter in die Fertighausgegenden. Da sind die Rinnsteine säuberlich gefegt, und die Verzweiflung trägt einen Maulkorb, wenngleich die Häuser selbst ohne Eleganz und Lebendigkeit sind. Man kann nur staunen über so nichtige, aber so routiniert und geschickt gebaute Häuser. Romane nach Filmen – erst der Film, dann der Roman – wie *Jaws, Alien, E. T.* sind so effektvoll fabriziert, daß sie fast wie wirkliche Erfindungen wirken und nicht wie Ergebnisse kommerziellen Kalküls. Sie weisen nicht über sich selbst hinaus, beruhen aber auf genauer Beobachtung dessen, was ein Massenpublikum sehen und hören will. Sie greifen ans Herz, bringen es aber nicht zum Vibrieren. In diesen Fertighäusern sind die Jalousien heruntergelassen, und auf die Jalousien ist aufgepinselt, was Du vernünftigerweise (nach der Vernunft, die in der Stadt der Erfindung herrscht, freilich) zu sehen bekämst, wenn sie hochgezogen wären – eine Strandszene oder ein Raumschiff oder ein draußen herumstapfendes außerirdisches Wesen; aber sie sind eben nur aufgemalt, wenngleich sehr überzeugend. Und wenn Du die Jalousien hochziehst, sie zur Decke sausen läßt, wo eine saubere, glatte Fläche auf die andere stößt (die Weichheit des Alters, die sanfte Patina der Vergangenheit hat hier nichts zu suchen), dann blickst Du durch die Fenster auf graues Nichts; und wenn die pulsierende Hai-Angst-Musik und die wehmütigen Lieder aus dem Weltraum verklungen sind, hörst Du vielleicht gar die Schritte des Riesen Verzweiflung draußen und fragst Dich, wie rasch seine Klauen wachsen mögen und ob er selbst bis hierher vordringt und ob er sich von seinem Maulkorb befreit hat.

Schnell nach nebenan, in das solider vorgetäuschte Doppelhaus von *Skrupel* und *Prinzessin Daisy*. Dort sind die Jalousien gerüscht und teuer und ganz fest heruntergezogen. Sobald Du einmal drinnen bist, sollst Du Dich gefälligst nicht zu genau umsehen. Du hast auch vielleicht gar nicht viel Lust dazu. (Jedenfalls werden Kommentare von Dir nicht erwartet. Du sollst an der Tür Deinen Eintritt bezahlen und so schnell wie möglich wieder verschwinden.) Diese und ähnliche Häuser sind gar nicht schlecht ausgestattet. Sie sollen ablenken und beeindrucken und tun das auch oft – aber nimm sie nicht ernst, Alice, und erkenne sie als das, was sie sind.

Die guten Baumeister, die wirklich guten, ziehen aus der realen Welt eine Vision und versetzen sie in die Stadt der Erfindung; sie erfrischen und erleuchten den Leser oder die Leserin, so daß er oder sie die Wirklichkeit nach der Lektüre verändert sieht, wenn auch nur ein wenig. Ein Buch, das nicht auf einer Wirklichkeit basiert, daß, nur mit dem Verstand und nicht aus Überzeugung geschrieben ist, gleicht einem Haus, das aus – was sollen wir sagen? – Backsteinen ohne Mörtel? gebaut ist. Du betrittst es, streifst einen Türrahmen, und das ganze Bauwerk stürzt Dir über dem Kopf zusammen.

Ganz in der Nähe der Geschäftemacher liegt das ausgedehnte

Prostitutionsviertel der Pornoliteratur. Die Häuser dort betrittst Du auf eigene Gefahr: was Du drinnen findest, ist wohl aufregend, aber an den Fenstern gibt es überhaupt keine Jalousien, und davor finden echter Schmerz, Folter, Erniedrigung und Tod statt. Es gibt nicht einmal Vorhänge, nur ein fieses rotes Flackern rings um die Fensterrahmen, denn hier grenzt die Stadt an die Hölle. Nun ja, irgendwo muß sie das, genauso wie jemand der Klassenschlechteste sein muß. Aber dieser Stadtteil ist zu schnell gewachsen, er läßt sich nicht eingrenzen. Ständig patrouilliert Polizei durch die Straßen, zur Belustigung der einander anstoßenden, wissend zwinkernden Bewohner; und gelegentlich gelingt es der Polizei, etwas Haarsträubendes zu unterbinden, an dessen Stelle dann jedoch sofort noch Übleres entsteht. Auch in dieser Gegend gibt es hier und da natürlich ein gutes Haus, und von überallher kommen Busladungen von Besuchern, manchmal mit sehr feinen Reiseunternehmen. Sie kommen zum Beispiel wegen der *Geschichte der O.* – das sei so gut konstruiert, sagen sie, so elegant ausgeführt; seht nur, wie anmutig die Fensterbögen gesetzt sind, wie sensibel die Streben gefügt sind – was kommt es da schon auf den Standort des Ganzen an! Und die Dame aus Frankreich, Anaïs Nin, Henry Millers Freundin, hat nie besser gebaut als zu der Zeit, als sie in dieser Gegend arbeitete und gut bezahlt wurde. Du wirst, wenn Du hartnäckig bist, noch weitere bezaubernd zierliche Gebäude in diesen Straßen finden, nur haben sie etwas von dem Hexenhaus in *Hänsel und Gretel*; sie bestehen nur aus köstlichem Lebkuchen und aus Zuckerguß, aber Achtung, drinnen lauert die Hexe mit ihrem Ofen, und sie lockt Dich hinein, um Dich aufzufressen! Warte, bis Du älter bist, Alice, und die Lust an Deinem eigenen Fleisch Dich im Stich läßt.

(Es kann natürlich sein, daß Du nicht weißt, wer Henry Miller ist. Er war Amerikaner. Er schrieb in den dreißiger Jahren *Der*

Wendekreis des Krebses und *Der Wendekreis des Steinbocks*, sexuell sehr offene und vielfach verbotene Bücher, die im Rückblick wie Dokumente der Ausbeutung von Frauen wirken. Zu jener Zeit erschien er als Prophet der Freiheit, Unbekümmertheit und Phantasie. Seine Häuser stehen noch.)

Ich selbst habe viel Zeit in dem ausschließlich männlichen Vorort der Science-fiction verbracht, in jenen Jahren, in denen er deutlich abgegrenzt und verläßlich war und sich dort gebildete Vergnügen finden ließen, um die nur sehr wenige wußten. Science-fiction-City grenzt an das Nuttenviertel: die beiden Gebiete überlappen sich; ihre Eigenarten vermischen sich leicht, denn sie entspringen nur dem Kopf und ganz und gar nicht dem Herzen. Die meisten Häuser hier sind Neubauten, obwohl auch noch ein paar prächtige alte stehengeblieben sind. Jules Verne und H. G. Wells gehörten zu den ersten, die dort gebaut haben. Aldous Huxleys *Schöne neue Welt* und George Orwells *1984* sind Vorzeigobjekte an der heute etwas heruntergekommenen Hauptstraße der Gegend, Utopie genannt. Das Wort Utopie, Alice, kommt aus dem Griechischen und bedeutet einen Nirgendwo-Ort, nicht einen *guten* Ort, wie viele glauben. Thomas Morus' *Utopie* und Samuel Butlers *Erewhon* (‹Nowhere› rückwärts geschrieben – na ja, beinahe) waren die vielleicht schönsten und besten Bauwerke hier. Aber es geht hier wie überall: eine Gegend kommt zu schnell in Mode, die Grundstücke steigen enorm im Preis, die Verführung zu unsolidem Bauen wird groß; gute Häuser werden abgerissen und durch minderwertige ersetzt, und dann hat die Gegend plötzlich ihre Atmosphäre verloren. Niemand schreibt mehr Utopien.

Science Fantasy, wo die Architekten heutzutage zumeist Frauen sind, ist ein prächtiges, neu erschlossenes Gebiet. Aber ich persönlich ziehe es immer noch vor, futuristische Stahlträger und gelegentlich ein glotzendes Ungeheuer zu sehen, wenn ich aus den Fenstern sehe; die seltsam wabernden Phantasiegebilde, die dir an der neuen Fantasy-Route überall begegnen, gefallen mir weniger. (Ich stelle übrigens eine Leseliste für Dich zusammen, die ich Dir getrennt schicke. Ein kundiger Besucher amüsiert sich besser in der Stadt der Erfindung als ein naiv erwartungsvoller.)

Die Liebesroman-Gasse ist natürlich sehr anheimelnd, wie Dir Deine Mutter ohne Zweifel bestätigen kann. Und sie hat Hochkonjunktur. Die Vororte werden immer populärer bei Besuchern, die Erholung von ihrem eigenen Leben brauchen. (Du mußt von der übrigen Stadt nichts kennen, um Dich dort zu vergnügen. Naiv und erwartungsvoll zu sein reicht.) Und es ist wirklich hübsch dort. Alles ist lavendelfarben, die Türen der Häuschen sind mit Rosen verziert, Ritter in schimmernden Rüstungen reiten vorbei und erstaunlich schöne junge Paare lustwandeln unter den blühenden Bäumen, obwohl *er* womöglich einen etwas grausam wirkenden Mund hat und *sie* leicht in Ohnmacht fällt.

Jane Austen soll in Ohnmacht gefallen sein, als sie von einem Spaziergang mit ihrer Schwester Cassandra nach Hause kam und ihre Mutter ihr erklärte: «Es ist alles geregelt. Wir ziehen nach Bath.» Sie hörte zum erstenmal von diesem Plan, heißt es. (Aber was heißt es nicht alles!) Sie war fünfundzwanzig; sie hatte ihr ganzes Leben im Pfarrhaus von Steventon gewohnt. Ohne jemanden davon in Kenntnis zu setzen, hatte ihr Vater beschlossen, sein Amt aufzugeben, und er fand, Bath sei kein übler Wohnort. Niemand von uns ist an jenem Tag in Ohnmacht gefallen, an dem mein Vater nach Hause kam und meiner Mutter, meiner Schwester und mir erklärte, er werde uns noch am selben Tag verlassen, um fortan mit seiner Freundin zusammenzuleben, auf deren Existenz er noch nie angespielt hatte. Was sollen wir daraus schließen? Daß Ohnmächtigwerden aus der Mode gekommen ist? Oder daß eine spätere Frauengeneration sich an männliche Überraschungen gewöhnt hat, dank einer zunehmend auf das wirkliche Leben bezogenen Literatur? In Jane Austens Büchern wimmelt es von Vätern, denen das Wohl ihrer Familien (oder vor allem ihrer Töchter?) gleichgültig ist; die Launen von Männern haben Vorrang vor dem Glück von Frauen, damals wie heute. Jane Austen beobachtet es: sie verdammt nicht. Sie tadelt Frauen wegen ihrer monströsen Eitelkeit, ihrer unendlichen Fähigkeit zum Selbstbetrug, ihrer Faulheit, Torheit und Habgier; Männer dagegen nimmt sie im allgemeinen einfach hin. Auch das mag ein Grund dafür sein, daß ihre Bücher in jenen Teilen der Gesellschaft, die für Veränderung am wenigsten aufgeschlossen sind, mühelos akzeptiert werden. Frauen sind an Kritik gewöhnt; daran, wegen ihrer Fehler in der Literatur gescholten zu werden. Männer sind daran einfach nicht gewöhnt. Sie möchten gern Helden sein.

Soviel für diesen Brief. Wenn ich zuviel auf einmal schreibe, mischt sich immer wieder das Persönliche ein, und ich schreibe schließlich einen Brief des literarischen Rats an eine junge Dame (und Nichte), die zum erstenmal Jane Austen lesen wird, und nicht eine Kampfschrift über die Herzlosigkeit, mit der die Welt dem vielfältigen Mißgeschick der Tante begegnet, oder darüber, wie schwer Männer den Frauen das Leben machen – eine Tatsache, die in sämtlichen Straßen der Stadt der Erfindung tausendfach bestätigt wird.

Alice, Deiner Nachschrift entnehme ich gerade zu meiner Bestürzung, daß Du vorhast, einen Roman zu schreiben, sobald Du die Zeit dazu findest. Ich hoffe aufrichtig, daß Du noch einige Jahre *nicht* die Zeit dazu findest, aus Gründen, über die ich mich auslassen werde, wenn und falls Du auf diesen Brief antwortest, die aber mit Deinem Alter und Deiner offenkundigen Unvertrautheit mit der Stadt der Erfindung zu tun haben. Wenn

Du hier bauen willst, *mußt* Du die Stadt einfach kennen. Ich tröste mich damit, daß es allgemein als völlig unvereinbar gilt, Literatur zu studieren und selbst ernsthaft zu schreiben. Daß Du das eine tust, wissen wir; also dürfte das andere (Gott sei Dank) unwahrscheinlich sein, wenigstens zur Zeit.

Mit herzlichen Grüßen
Tante Fay

Zweiter Brief

Eine furchtbare Zeit, wenn man in ihr lebt

Cairns, November

Meine liebe Alice,
das Dasein selbst ist schon erstaunlich genug: wieviel mehr erst, daß ein Erzähler es erfassen und zu Mustern verweben kann; Netze knüpfen kann, so sehe ich es im Moment, mit denen er den Leser stützt und aufrechterhält, der hilflos im Chaos seines eigenen Daseins herumpurzelt – wie ein armer Passagier, der aus einem auseinanderbrechenden Flugzeug geschleudert wird. Du mußt mir meinen etwas überdrehten Stil verzeihen, Alice – ich habe gerade einen Roman abgeschlossen, und das ist ein herrliches Gefühl; so herrlich, wie wenn Gäste, selbst die liebsten und willkommensten, irgendwann tatsächlich aufbrechen. Das wirkliche Leben, an das man sich nur noch vage erinnern kann, kehrt wieder, mit seinen guten und schlechten Seiten, und das ist herrlich.

Ich blicke über die heißen, gefährlichen Strände und in das träge, warme Meer hinab, durch das leuchtende Fische flitzen und schweben, in dem die Drachenköpfe nur darauf warten, einen zu berühren und umzubringen; ich frage mich, was ich hier eigentlich tue, und sehne mich nach dem Nebel und dem graugrünen Gras von England, nach einer durch menschliche Beachtung veränderten Landschaft – nicht so gleichgültig und unbefangen wie die australische Einöde. Vielleicht bekommst Du mich bald zu sehen.

Danke für Deinen Brief. Ich hoffe, die 500 Pfund sind inzwischen bei Dir eingetroffen. Ich habe sie sofort telegrafisch überwiesen. Ich denke, es lag an schlichtem Pech und nicht an meinem schlechten Urteilsvermögen, wenn ich dann feststellen mußte, daß Du den «Hund des Himmels» tatsächlich gelesen hast. Kann ich mich wohl darauf verlassen, daß Du nicht mogelst? Deine Mutter hat nie gelogen, das weiß ich noch: ihr Gedächtnis war nicht gut und ihre Vorhersicht nicht gerissen genug, als daß sie mit Unwahrheit durchgekommen wäre, wie ich es dauernd schaffte. Du willst mit dem Geld ein Textverarbeitungsgerät kaufen, sagst Du. Aber, Alice, die Maschine schreibt Dir doch nicht Dein Buch! Das mußt Du immer noch selber tun. Du lebst, wie auch viele Redakteure auf der Welt, in dem Wahn, Du müßtest den Computer nur mit Gestalten und Handlungsfäden und einer Vielzahl von Adjektiven füttern, dann würde schon ein Buch herauskommen. Vielleicht käme sogar eines dabei heraus, aber wer wollte es lesen? Vielleicht kann noch alles gut gehen, wenn Du eine Taste für die Muse aussparst, auf der sie (in der Abend- oder Morgendämmerung, da steigt sie am ehesten herab) mitschreiben kann?

Wie läßt sich das Entstehen eines Romans anders begreifen als mit der Annahme, daß die Muse zu Hilfe gerufen wurde? Ich habe selbst keine Ahnung, wie man es macht. Manchmal sehe ich zwar den Autor als jemanden, der ein Lot in den Brunnen des kollektiven Unbewußten fallen läßt und Gott weiß was herausfischt, es säubert und ausweidet und dem Leser zum Abendessen vorsetzt. Meistens jedoch sehe ich nur die Muse, die sich dem Autor oder der Autorin über die Schulter beugt, mit einem knochigen Finger in die Rippen stößt und dafür sorgt, daß geschrieben wird, verdammt noch mal. Dann ist da auch noch der Engel des Hauses, wenn man eine Frau ist. Virginia Woolf hat ihn 1931 in *Berufe für Frauen* beschrieben:

Sie mögen nicht wissen, was ich mit dem Engel des Hauses meine ... Sie war äußerst einfühlsam. Sie war ungemein charmant. Sie war vollkommen selbstlos. Sie brillierte in den schwierigen Künsten des Familienlebens. Sie opferte sich täglich auf ... sie hatte nie eine eigene Ansicht oder einen Wunsch für sich ... Und als ich zu schreiben begann, begegnete ich ihr bei den allerersten Worten ... Sie glitt hinter mich und flüsterte: ‹Meine Liebe, du bist eine junge Frau ... Sei einfühlsam; sei zart; schmeichle; betrüge; bediene dich aller Listen und Tücken deines Geschlechts. Laß nie jemanden erraten, daß du einen eigenen Kopf hast.›

Der Engel des Hauses stand an Jane Austens Ellbogen, vermute ich, und sie hat es nie ganz gelernt, ihn zu ignorieren – außer vielleicht in dem frühen Werk *Lady Susan*, für das sie von ihrer Familie, stelle ich mir vor, sanft gescholten wurde; worauf sie sich so rasch zurückzog, als habe eine kalte, eine eiskalte Hand sie berührt, und es niemals wieder so versuchte. Aber sie lernte es, dem Engel zu entwischen, ihn in Schlummer zu wiegen und zu schreiben, während er schlief. Virginia Woolf hat es nie ganz geschafft, wenigstens nicht in ihrem erzählerischen Werk. Sie gab sich den Feinheiten der Sprache und den Nuancen des Reagierens hin, voll weiblicher List und Tücke, und doch gab sie sich eines Morgens selbst den Tod, weil die Welt ein so furchtbarer, grausamer Ort war. Sie wußte es, sah aber vielleicht in der Kunst, wie es eine frühere Generation tat, einen Rückzug vom Leben und nicht eine Reaktion darauf. Ich verdamme nicht, ich beobachte nur.

Wie dem auch sei, in der Luft hinter dem Schriftsteller, der die Feder über das Papier bewegt, herrscht Gedränge. (Benutze keine Schreibmaschine, Alice, falls Du an Deinem irrsinnigen literarischen Plan festhältst: benutze einen Füller. Trainiere die handwerklichen Techniken des Schreibens, so daß sich die Hand so bewegt, wie der Kopf arbeitet. Wenn Gott gewollt hätte, daß wir tippen, hätte er uns Tasten statt Finger gegeben usw.)

Da sind die Muse und dieser jungianische Angler (die ich natürlich beide anrufe, damit sie die Sache übernehmen), aber da sind auch die Allegorien jeder abstrakten Idee, die es je gegeben hat, und alle scharren sie mit den Füßen und stoßen den Autor an; sie heischen seine Aufmerksamkeit, die nie ganz konzentriert ist, sondern immer auch bei ihnen, hinter seinem Rücken. Wahrheit, Schönheit, Liebe, Gerechtigkeit, Spannung – alle fordern sie Aufmerksamkeit, alle versuchen sie, Gestalten und Sätze für sich zu beanspruchen, und erfüllen die Luft mit gespenstischem Geheul und Gestöhne, mit Klagen und Unzufriedenheit.

Und das sind nur diejenigen, die man im Rücken hat. Weit wirklichere und gleichwohl beunruhigendere Gestalten stehen vor einem. («Und die dahinter schreien ‹Vorwärts!›, und die vor dir schreien ‹Zurück!›») Kritiker, Kollegen, Freunde flüstern Beleidigungen und Ermahnungen, wissen von Verlust und Neid zu berichten, und irgendwo steht da auch ein Bankbeamter und reibt sich die Hände; und wenn man ich ist, gibt es außerdem Kinder, die mühelos die dünne Wand zwischen Vorstellung und Erfahrung, zwischen der konzentrierten Welt der Erfindung und der weit weniger gebündelten wirklichen Welt durchbrechen und fragen: Wann gibt's Abendessen? Wer bringt mich zur Schule? Und wenn alle andern ausfallen, na, dann kommt die Katze und setzt sich auf das Manuskript. (Die Katze ist, davon bin ich fest überzeugt, die Erscheinungsform, die der Engel des Hauses am häufigsten annimmt.) Aus all dieser Geschäftigkeit in einem leeren Raum – in dem der Schriftsteller angeblich allein mit Füller und Papier sitzt (und *nicht*, Alice, mit einem Textverarbeitungsgerät) – kommt die schöpferische Energie, entsteht das Haus der Erfindung mit seinen bezaubernden Räumen, seinen erregenden Fluren; mit seinen verschlossenen Türen, deren Schlüssel an Stellen hängen, wo man sie am wenigsten erwartet, und die darauf warten, vom Besucher aufgeschlossen zu werden.

Ich glaube, es ist die Schlacht mit der wirklichen Welt, die dem Schriftsteller die Energie zum Erfinden liefert. Ich nehme an, daß Jane Austen eine besonders schreckliche Schlacht ausgefochten hat und daß die Welt am Ende siegte und sie umbrachte: und wir haben die sieben großen Romane geerbt. Ich weiß, sie haben Dir beigebracht, es wären sechs. Aber sie hat noch einen weiteren geschrieben, *Lady Susan*; einen ausgezeichneten, unterhaltsamen, vitalen Roman, verfaßt, als sie noch sehr jung war, zur gleichen Zeit, als sie das vergleichsweise langweilige und konventionelle Werk *Vernunft und Gefühl* schrieb (lies das bitte nicht zuerst). *Lady Susan* legte sie in die Schublade. Sie versuchte nicht, diesen Roman zu veröffentlichen; ihre Familie später ebensowenig. Ich habe das Gefühl, sie mochten ihn einfach nicht. Sie fanden ihn unerbaulich und töricht und meinten, verruchte Abenteurerinnen sollten nicht als Heldinnen auftreten, und Schriftstellerinnen sollten nicht erfinden, sondern lediglich beschreiben, was sie kennen. Sie hatten im Grunde den ganz normalen und höchst verständlichen Wunsch, Jane Austen ehrbar, damenhaft und unbedrohlich zu halten, und *Lady Susan* war nichts von alldem.

Darüber später mehr. Erst mußt Du die Welt verstehen, in die Jane Austen hineingeboren wurde, glaube ich. Ich meine nicht, daß das Leben und die Person von Schriftstellern in wichtigem Bezug zu ihrem Werk stehen. Ich kenne viele Schriftsteller (besonders Lyriker), die als Menschen langweilig und konventionell sind und doch die lebendigsten und ungewöhnlichsten Werke hervorbringen, und ich kenne ein paar (als Menschen) sehr intelligente und unterhaltsame Schriftsteller, deren Arbeiten einzigartig dröge sind.

Aber die Zeit, in der Schriftsteller leben, ist in meinen Augen wichtig. Ein Schriftsteller muß aus einer Tradition heraus schreiben – und sei es nur, um aus ihr auszubrechen. Du mußt zum Beispiel wissen, wie man einen Roman liest, bevor Du Dich daranmachst, einen zu schreiben; Du mußt kapieren, daß es darin Geschichten und Gestalten und Handlungsfäden und Gespräche gibt und daß sie dazu da sind, gelesen, und das heißt: mit dem Auge erfaßt zu werden, und daß das Ohr dabei nicht helfen kann. Auf derlei könnte man vielleicht auch ohne Vorerfahrung kommen; aber die Form des Romans hat sich über Jahrhunderte hin entwickelt und erfordert einen Leser, der mehr oder minder so gebildet ist wie der Autor. Er oder sie schreibt aus einer bestimmten Gesellschaft heraus, verbindet die Vergangenheit dieser Gesellschaft mit deren Zukunft und kann den Lesern die Grenzen der Konvention vorführen – wie es Jane Austen in *Die Abtei von Northanger* oder Thackeray in *Jahrmarkt der Eitelkeiten* getan haben. Der Leser hat vielleicht die erzählerische Konvention lange mit dem Leben selbst verwechselt – so stark ist die gesellschaftliche Indoktrinierung, der wir alle unterliegen, wo und wann wir auch leben – und muß von Zeit zu Zeit daran erinnert werden, daß Romane Illusion sind, nicht Wirklichkeit. Schriftsteller scheinen sich klarer bewußt zu sein, was vorgeht, als jene vielen Leser, die mit dem Inhalt eines Romans hadern, aber den Roman an sich nicht in Frage stellen.

Bestimmt hast auch Du, Alice, eine ganze Liste von Glaubenssätzen, die Du nicht mehr in Frage stellst. Ich könnte Dir Deine Meinungen sogar aufzählen, ohne Dir je begegnet zu sein. Du glaubst zum Beispiel an das Folgende:

1. Es ist besser, gut zu sein als böse.
2. Es ist besser, nett zu sein als widerlich.
3. Es ist besser, sexuell erfahren zu sein als unschuldig.
4. Wissen ist gut, und Unwissenheit ist schlecht.
5. Weißer Zucker ist schlecht für den Körper, brauner nicht.

6. Babies sollten hochgenommen werden, wenn sie schreien.
7. Die Starken haben den Schwachen gegenüber Verpflichtungen.
8. Der Film ist etwas Gutes und Fernsehen etwas Schlechtes.
9. Rauchen schadet der Gesundheit.
10. Der BBC ist der beste Fernsehsender der Welt

– und so weiter und so fort. Du sagst natürlich, man könne mit eigenen Augen sehen, daß all das stimmt. Das *ist* die Welt, in der wir leben, das ist das Leben. Aber wenn Du Dich erforschst, wenn Du beobachtest, was hinter dem Lippendienst liegt, den Du diesen Urteilen zollst – denn es *sind* Urteile –, dann entdeckst Du vielleicht eine Schicht in Dir, die genau das Gegenteil glaubt. Und was machst Du dann? Den Mund halten, nehme ich an. Es erfordert viel Mut und Hartnäckigkeit, gegen den Strom allgemein anerkannter Vorstellungen zu schwimmen. Dieser Strom ist so sehr Teil unseres Alltags, daß es schwer ist, ihn als das zu erkennen, was er ist, oder zu erkennen, daß er in andern Jahrzehnten in eine völlig verschiedene Richtung floß.

Jane Austen beschäftigte sich mit Wahrheiten, die für uns offensichtlich sind, weil wir ihnen zustimmen. Zu ihrer Zeit waren sie nicht so offensichtlich. Wir teilen ihren Glauben, daß Elizabeth aus Liebe heiraten sollte und daß Charlotte großes Glück hatte, als ihre Ehe mit Mr. Collins gut ging, den sie nur heiratete, um nicht ‹sitzenzubleiben›, wie man damals sagte. Jane Austen glaubte, es sei besser, überhaupt nicht zu heiraten, als ohne Liebe zu heiraten. Es erstaunt uns, daß sie als Autorin die sexuelle Lust scheinbar nicht berücksichtigt, aber das war zu ihrer Zeit die Konvention: wir mißbilligen da, wo ihre Gesellschaft ihr am meisten Billigung entgegenbrachte. Sie ist keine sanfte Schriftstellerin. Täusche Dich nicht: sie ist nicht unwissend, nur diskret; nicht unschuldig, nur anmutig. Sie lebte in einer Gesellschaft, die – wie unsere – annahm, ihre Werte seien die richtigen. Sie hatte Gott auf ihrer Seite, und Gott hatte die Rangordnung unter den Menschen geschaffen; außerdem hatte er Männer zu Männern und Frauen zu Frauen gemacht, und wie konnte man so etwas ändern? Es ist müßig, darüber zu klagen, daß es Jane Austen an missionarischem Eifer fehlte. Im nachhinein ist es einfach, sich die Welt zu betrachten, in der sie lebte, und zu sagen, sie hätte so oder so reagieren sollen. Was sie wirklich tat, kommt mir wertvoller vor. Sie bemühte sich, die Überzeugungstendenzen wahrzunehmen und zu beschreiben, die für ihre Zeit typisch waren; und darüber hinaus stellte sie zum erstenmal dar, daß im Grunde das Persönliche, das Emotionale die Moral ausmacht – nicht die Politik, wie wir heute in jedem Falle behaupten. Sie hinterließ ein Erbe, auf dem die Nachfahren bauen konnten.

Ich möchte, daß Du Dir England, Dein Land, vor zweihundert Jahren vorstellen kannst. Ein Land ohne Waschpulver, Tempotaschentücher, geteerte Straßen oder Eisenbahnen; ohne Wasserrohre, ganz zu schweigen von Elektrizität, Gas und Öl; ein Land, dessen Energieversorgung (was für ein moderner Begriff) auf Kohle, Holz und menschlicher Muskelkraft beruhte und auf sonst nichts. Wo die schnellste Fortbewegungsweise der des schnellsten Pferdes entsprach und wo man trotzdem abends Briefe in London aufgeben konnte, die am nächsten Morgen in Hereford ausgetragen wurden. Weil die Menschen so arm waren – die meisten Menschen –, rannten und schufteten und schwitzten sie Tag und Nacht, um sich und ihre Kinder vor dem Verhungern zu bewahren; etwa so, wie heute in Indien. Wenn Du ein Kind warst und Deine Eltern starben, lebtest Du auf der Straße; wenn Du eine junge Frau warst und ein uneheliches Kind gebarst, hattest Du gute Chancen, den Rest Deines Lebens in einem Irrenhaus zu verbringen, als moralisch schwachsinnig abgestempelt. Wenn Du versuchtest, Selbstmord zu begehen, um Dich vor einem solchen Leben zu bewahren, wurdest Du erst gerettet und dann gehängt. (Die Lösungen für die letzten beiden ‹Wenns› gab es übrigens auch noch vor kaum fünfzig Jahren.) Wenn Du etwas gestohlen hattest, was mehr als fünf Pfund wert war, konntest Du gehängt oder lebenslänglich in eine Strafkolonie verbannt werden. Hattest Du für weniger als fünf Pfund gestohlen, wurdest Du zu langen, harten Strafen in unsäglichen Gefängnissen verurteilt, und straffähig waren Kinder ab sieben Jahren. Kleine Vandalen oder Wändebeschmierer hatten damals keine gute Zeit.

Kind, Du weißt nicht, wie gut Du dran bist. Wenn Du U-Bahn fährst, ohne zu zahlen, stellen sie Dir einen Psychiater. Wenn Du Dir Dein Bein brichst, gibt es da jemanden, der es schient. Wenn Du Schnupfen hast, benutzt Du ein Tempotaschentuch und spülst es in der Toilette herunter: Jane Austen benutzte ein Stofftaschentuch und hatte ein Hausmädchen, das es wusch und bügelte. Schön und gut, solange Du Jane Austen warst, aber angenommen, Du warst das Hausmädchen? Du arbeitetest rund achtzehn Stunden an sechseinhalb Tagen in der Woche, hattest einen Tag im Monat frei und mußtest Dich noch glücklich schätzen.

Wenn Du nicht das Hausmädchen warst, dann hättest Du mit einiger Wahrscheinlichkeit auf dem Land gearbeitet. Bis weit ins neunzehnte Jahrhundert hinein waren die allermeisten arbeitenden Frauen in der Landwirtschaft beschäftigt. Und glaube bloß nicht, die Frauen der Arbeiterklasse hätten *nicht* gearbeitet, oder sie hätten Männer gehabt, die imstande oder bereit gewesen wären, sie zu unterhalten. Ein junges Landmädchen (und nur fünfzig Prozent der Bevölkerung lebte in Städten) schuftete auf dem Bauernhof – kochte, putzte, wusch, schleppte Wasser, hackte Holz und machte Feuer unter dem Kessel, um das Wasser zu erhitzen; fütterte das Vieh, melkte, pflanzte, erntete Getreide und Heu. Wenn Du in der Molkerei beschäftigt warst, hattest Du wenigstens das Vergnügen, ein paar Fertigkeiten zu erlernen und wurdest besser bezahlt, aber Dein Tag begann um drei Uhr morgens und endete am späten Abend. Belohnt wurdest Du im Himmel. Dahin nämlich, behauptete die Bibel ziemlich vorschnell, würden die Armen kommen, was den Reichen jede Rechtfertigung gab, die Armut aufrechtzuerhalten. Niemand war in gutem Gesundheitszustand – ein beträchtlicher Teil der Bevölkerung war mit Tuberkulose infiziert. Wenn Du als junge Frau in die Stadt flohst, um besser zu leben, dann konntest Du mit einigem Glück Lehrling werden und eines der traditionellen Frauenhandwerke erlernen – Putzmacherei, Stickerei, Schneiderei; oder Du konntest Schornsteinfegerin (ab sechs Jahren) oder Metzgerin (ein schmutziges Handwerk, das die Männer verschmähten) oder Prostituierte werden – davon gab es nach den Schätzungen um 1800 in London 70 000, bei einer Einwohnerzahl von 900 000.

Oder Du konntest heiraten.

Das Problem war nur, Du mußtest es Dir *leisten* können zu heiraten. Es wurde von Dir erwartet, daß Du eine Aussteuer besaßt, als Gegenleistung für den Unterhalt, den der Ehemann Dir bot. Für die Aussteuer kamen entweder die Eltern auf, oder man sparte selbst dafür. Aus diesem entscheidenden Grund und einer Reihe von anderen heirateten nur 30 Prozent der Frauen. 70 Prozent blieben unverheiratet. Es nützte nichts zu warten, bis die Eltern gestorben waren und man ihr Herrenhaus, ihre Kate oder Hütte erbte, um sich damit einen Ehemann zu kaufen – der Besitz der Eltern ging an die Söhne. Frauen erbten nur über ihre Ehemänner, und nur über sie bekamen sie Zugang zu Eigentum. Frauen waren arm geboren, blieben arm und lebten nur dann gut, wenn ihre Männer es ihnen ermöglichten.

Die sexuelle Sünde war allgegenwärtig; die Furcht vor

Schwangerschaft gewaltig – schätzungsweise die Hälfte aller Frauen blieben ihr ganzes Leben lang jungfräulich. Erschreckt und schockiert Dich diese Vorstellung, Alice? Wahrscheinlich tut sie das, und zwar zu Recht. Wilde Stämme im fernen Afrika hätten das keine Minute lang ertragen.

Zu heiraten war also der Hauptgewinn; es war das Ziel einer Frau. Kein Wunder, daß Jane Austens Heldinnen so ausschließlich damit beschäftigt sind. Bei uns ist es Stoff für die Frauenzeitschriften, aber bei ihnen war es das Thema ihres Lebens, die wichtigste Frage ihrer Existenz. Kein Wunder, daß sich Mrs. Bennet, halb verrückt vor Sorge um ihre fünf unverheirateten Töchter, in der Öffentlichkeit durch ihre Jagd nach möglichen Schwiegersöhnen lächerlich macht, denn sie weiß, daß ihre Töchter – und sie selbst – unversorgt dastehen werden, wenn ihr Mann tot ist. Die Verzweiflung siegte, damals wie stets, über gute Manieren. Grund, hysterisch zu werden, gab es genug.

Frauen zu Jane Austens Zeit überlebten, indem sie sich gefällig und charmant gaben, wenn sie zur Mittelschicht gehörten, und indem sie einen starken Rücken hatten, der sehr viel körperliche Arbeit aushielt, wenn sie zur Landbevölkerung gehörten. Die Schriftstellerei übrigens gehörte zu den wenigen Tätigkeiten, mit denen verarmte, hilflose Frauen des Bürgertums Geld verdienen konnten, ohne allzuviel Ansehen zu verlieren. Der Beruf der Gouvernante war eine andere solche Möglichkeit, und es sind viele Sagen darum gesponnen worden. Die schöne, begabte Gouvernante und der schmucke Sproß aus uralter Schloßbesitzerfamilie, der heiratet, wen er liebt, und nicht, wen er soll . . . Es war eine reizende, der Verzweiflung entsprungene Phantasie. (Siehe Elizabeth und Darcy in *Stolz und Vorurteil*.)

Die Pubertät begann damals übrigens im Durchschnitt später als heute. Wir wissen, daß sie 1750 zwischen dem achtzehnten und zwanzigsten Lebensjahr eintrat. Zweifellos waren die allgemeine mangelhafte Ernährung und das niedrige Körpergewicht der Frauen die Ursache davon. Man heiratete auch später: im Durchschnitt zwischen fünfundzwanzig und achtundzwanzig, obwohl Jane Austens Heldinnen offenbar schon mit Anfang Zwanzig von Panik erfaßt werden. Lydia in *Stolz und Vorurteil* hat es schon mit sechzehn geschafft und schockiert alle, indem sie die wahren Gefühle von allen enthüllt – läßt die Hand mit dem neuerworbenen Ehering aus dem Kutschenfenster hängen, als sie im Triumph in die Stadt einfährt, damit es auch alle wissen: Verheiratet! Jane Austen selbst legte die Haube an, als sie dreißig war. Das heißt, sie erklärte sich durch Zeichen der Kleidung als nicht mehr auf dem Heiratsmarkt befindlich, begnügte sich damit, mit soviel Anmut und Würde wie möglich allein alt zu werden. Mit dreißig Jahren!

Warst Du einmal verheiratet, war Dein Leben deswegen natürlich noch nicht rosig. Aller Besitz, den Du erwarbst, gehörte Deinem Mann. Die Kinder waren seine, nicht Deine. Wenn bei einer Geburt zwischen dem Leben der Mutter und dem des Kindes zu entscheiden war, mußte die Mutter daran glauben. Du konntest unter Deinem Namen keinen Prozeß führen. (Nach demselben juristischen Grundsatz konntest Du allerdings wenigstens auch nicht verklagt werden.) Er konnte Dich schlagen, wenn er es für angebracht hielt, und auch Deine Kinder züchtigen. Er konnte sich wegen Ehebruchs von Dir scheiden lassen, aber nicht Du aus diesem Grund von ihm. Überhaupt war die Scheidung keine Lösung für Eheprobleme, mußt Du wissen. Die Ehe galt fürs Leben. Zwischen 1650 und 1850 gab es in England nur 250 Scheidungen.

Man ertrug das sexuelle Leben, das sich ergab, und es wurde im allgemeinen und in den meisten Gesellschaftsschichten nicht von einem erwartet, daß man Spaß daran hatte. Vor allem war das Ergebnis davon zumeist Schwangerschaft. Empfängnisverhütung war sündhaft und illegal, gegen das Gesetz Gottes und des Landes. Eine anständige Person schützte sich durch Enthaltsamkeit gegen Schwangerschaft. Natürlich gab es damals wie heute der Lust zugetane Kreise in der Gesellschaft, die zügellose Jugend der Oberschicht und Freidenker, die in der sexuellen Freiheit den Weg zur politischen erblickten; und natürlich gab es Ehepaare, die zu wirklicher sinnlicher Befriedigung fanden – aber das war ein Geschenk des Zufalls, nichts Selbstverständliches; sicherlich nichts, weswegen man einen Eheberater hätte aufsuchen können.

Die Tatsache, daß es 1801 in London 70 000 Prostituierte bei einer weiblichen Bevölkerung von etwa 475 000 gab, weist darauf hin, daß wenigstens Dein Mann nicht unberührt in die Ehe gegangen wäre. Die Chancen, daß ein Mann eine Krankheit hatte, waren hoch. Geschlechtskrankheiten waren weit verbreitet, und viele starben auf üble Weise daran.

Nach Deinen Maßstäben, Alice, war es eine furchtbare Zeit. Und doch könntest Du ewig Jane Austen lesen und nie etwas davon erfahren. Und warum solltest Du auch? Romanciers schaffen eine Zuflucht vor der Wirklichkeit: sie führen Dich in die Stadt der Erfindung. Wenn Du zurückkehrst, weißt Du mehr über Dich selbst. Man liest Romane nicht, um informiert, sondern um aufgeklärt zu werden. Ich glaube nicht, daß Jane Austen besonders gründlich über die Mißstände der Gesellschaft nachdachte, in der sie lebte. Für sie war die Welt einfach so. Sie regte sich nicht mehr darüber auf, als Du Dich über die Satelliten aufregst, die über Deinen Himmel fliegen, oder über die Atomgeschütze, die über die ganze Erde verteilt sind und Dir und den Deinen jederzeit mit sofortigem Tod drohen. So ist es eben, denkst Du. Man kann sich an alles gewöhnen, am besten, indem man so wenig wie möglich davon spricht und die größere Gefahr dazu benützt, sich die kleinere Freude zu verstärken. Wie gut für Dich!

Siehst Du, Alice, da bist Du, eine typische junge Frau von 1799. Wir nehmen mal an, daß Du aus einer ländlichen Familie kommst und auf dem Land lebst. Du hast Deine Aussteuer zusammengekratzt und Deinen jungen (oder alten, oft sehr alten!) Mann gefunden, und Du hast geheiratet. Deine erste Pflicht ist es, Kinder zu bekommen. Der Geistliche hat es Dir bei der Hochzeitsfeier gesagt; alle glauben daran. (Sollte es sich herausstellen, daß Du unfruchtbar bist, dann wäre das eine Katastrophe, nicht nur persönlich, sondern auch gesellschaftlich. Es würde Dich zur Unfrau machen. Unfruchtbarkeitsspezialisten gab es damals nicht. Nur das Bild des Feigenbaums, der keine Frucht trägt, von Jesus für etwas verflucht, wofür er nichts kann.) Aber von solch einer Katastrophe einmal abgesehen, bist Du wahrscheinlich nach einem Jahr Ehe schwanger und trägst alle zwei Jahre bis zur Menopause ein Kind aus. Das scheint die Quote zu sein, die von der Natur, wenn man sie läßt, für die menschliche Fortpflanzung vorgesehen ist. Fünfzig Prozent aller Kinder starben damals, bevor sie zwei Jahre alt waren – an ernährungsbedingten Krankheiten, Unwissenheit oder Infektionen. Jeder Tod hätte Dich damals so unglücklich gemacht wie heute. Viele Deiner Schwangerschaften hätten in Fehlgeburten geendet, und ein Baby von vieren wäre tot zur Welt gekommen. Die Hebammen ließen mißgestaltet geborene Babies gnädigerweise im allgemeinen nicht überleben, und das wurde von ihnen auch nicht erwartet. Entbindungen fanden unter primitiven Umständen statt, und Schmerzmittel gab es nicht. Die Versorgung von Kindern galt nicht als tagfüllende Beschäftigung. Babies wurden fest eingewickelt und wie Pakete an Haken gehängt, so daß sie aus dem Weg waren, während die Mütter weiter versuchten, den Hunger fernzuhalten. Wenn die Muttermilch versiegte, fütterte man die Babies mit Grütze, die man in Säckchen füllte und von dem Baby auslutschen ließ.

Deine Chancen, selbst im Kindbett zu sterben, waren nicht klein und stiegen mit jeder Schwangerschaft. Nach fünfzehn Schwangerschaften (was etwa sechs ausgetragene und gesund entbundene Babies bedeutete) lagen Deine Todeschancen eins zu zwei, stellte Marie Stopes später fest. Als Mrs. Bennet mit Mary niederkam, hatte sie also allen Grund zur Sorge. Sie hatte schwache Nerven; daß sie es sagte, die Arme, fand man lächerlich. (Ich bin sehr nachsichtig mit Mrs. Bennet, nachsichtiger als ihre Schöpferin Jane Austen. Aber ich betrachte auch eine Gesellschaft von außen, nicht von innen.)

Jane Austen selbst war das sechste von sieben Geschwistern. Oder genauer, von acht. Das zweite Kind ihrer Mutter litt an Epilepsie, wurde aus dem Haus gegeben – oder vermutlich nie bei der Amme abgeholt (darüber später mehr) – und niemals mehr erwähnt. Ein älterer Bruder, Edward, wuchs in einer anderen Familie auf, in der man mehr Geld und mehr Zeit hatte. Da Kinder in großer Zahl in vergleichsweise wenige Haushalte hineingeboren wurden – wie heute noch in Irland, wo Empfängnisverhütung noch immer verboten ist –, wuchsen sie nicht selten in Häusern auf, in denen man besser für sie sorgen konnte als in der eigenen Familie. Emma in *Die Watsons* wächst außerhalb der Familie auf und lernt erst als junge Frau ihre Schwestern kennen.

Zurück zu Dir, Alice, Mutter von sechs Kindern mit dreißig Jahren, mit Rückenschmerzen und Krampfadern und nur noch wenigen Zähnen, die Du das Wasser für sämtliche Bedürfnisse Deiner Familie vom Dorfbrunnen holst, und Wasser ist so ziemlich die schwerste Last, die es gibt, und Du wirst Dich entscheiden müssen, ob Deine Kinder sauber werden sollen oder Du krank werden willst – nein, nein, fangen wir noch mal an. Ich werde Dich unter die feineren Leute versetzen, Du Glückliche.

Du liebst Deine Kinder, aber sie gehören Deinem Mann, und den liebst Du vielleicht nicht. Wenn Du ihm untreu wirst (und Du hast viele Dienstboten und nicht allzuviel zu tun, und Gentlemen haben meist keinen Beruf, sondern leben von ererbtem Reichtum und sind viel um Dich herum), dann kann er Dir die Kinder wegnehmen, um Dich zu bestrafen, und dazu ist er sehr wohl imstande. Wenn Du eine Frau mit Energie, Findigkeit und erfahrenen Freundinnen bist, dann verwendest Du ein Verhütungsmittel, ein in Essig getauchtes Schwämmchen an einem Band. Wenn das nicht funktioniert, gibt es jede Menge Engelmacher in den abgelegenen Gassen, und jede Möglichkeit, an ihren Eingriffen zu sterben. Quecksilber ist ein beliebtes Abtreibungsmittel, auch nützlich als Mittel gegen Geschlechtskrankheiten. Das Problem ist nur, daß jene Dosis davon, die Föten und Syphilis-Erreger abtötet, leicht auch die Person umbringt, die solche in sich trägt. Oh, üble Zeiten! Vielleicht verwendet Dein Liebhaber, wenn er verderbt genug ist, ein Kondom, aber das Gummi ist sehr dick, sehr schwer.

Du wirst also verstehen, daß man in Jungfräulichkeit, in Enthaltsamkeit, in Treue, im Leben alter Jungfern Vorzüge entdeckten konnte, an die man heute nicht so leicht denkt. Denke gelegentlich daran, wenn Du Jane Austen liest.

Es gab auch positive Entschädigungen dafür, daß man in einer so furchtbaren Zeit lebte. Die Landschaft muß noch sehr, sehr schön gewesen sein. Die verdorrten Eichen und die Hecken waren noch nicht den Landwirtschaftsexperten zum Opfer gefallen, und wilde Blumen und Schmetterlinge bildeten leuchtende Farbtupfer auf den sanften Graugrüntönen der Landschaft. Heutzutage ist das Grün strahlender, und die Felder sind glatter, dank Dünge-, Insektenschutz- und Unkrautvertilgemitteln. Und alles, was Du betrachtet hättest, wäre schön gewesen; Möbel (falls Du welche besaßt) aus altem Eichenholz, geschrei-

Es war eine schlimme Zeit . . .

... für Frauen, das Jahrhundert, in dem Jane Austen lebte. Den jungen Mädchen blieb kaum etwas anderes übrig, als einen der wenigen subalternen Frauenberufe zu ergreifen oder zu heiraten. Und selbst das war teuer, denn ohne eigene Aussteuer lief nichts. Daher heirateten in jener Zeit nur 30 Prozent aller Frauen.

Frauen hatten auch kein eigenes Geld. Wenn es etwas von den Eltern zu erben galt, bekam es der Sohn.

Heutzutage sind die Chancen für eine Frau, zu einem soliden Grundstock an Kapital zu kommen, ungleich größer. Man muß sich nur beizeiten darum kümmern.

nert von Handwerkern mit einem traditionellen Wissen, das nirgendwo auf der Welt seinesgleichen hatte – Nützlichkeit im Dienst der Schönheit. Neue und andersartige Gebäude entstanden überall, denn die Bevölkerung wuchs und mit ihr die Mittelschicht, aber sie baute in einem Stil, der drei- bis vierhundert Jahre früher in Italien geherrscht hatte. (Reise heute nach Florenz, und Du siehst Häuserzeilen aus der Renaissance, von denen Du schwören könntest, sie seien georgianisch. Das ist ein wichtiger Kulturschock für englische Bildungsbürger, in deren Reihen Dich hinaufzubefördern, ich so eifrig dabei bin.)

Die Stadt Bath, wie wir sie heute kennen, entstand vor Jane Austens Augen, und man bewunderte noch immer die Proportionen, die schon den alten Griechen und den Italienern der Renaissance gefielen; es ist nicht das Neue, was uns heute an jenen Teilen der Altstadt von Bath entsetzt, die abgerissen wurden, um Platz für den Beton-Funktionalismus des neuen Bath zu schaffen, sondern die pure Häßlichkeit.

Aber ich fürchte, alles bewegt sich in Pendelbewegungen und im Kreis herum. Vielleicht mußten Landschaft, Häuser und Dinge schön sein, weil die Menschen so häßlich waren. Mangelernährung, Unwissenheit und Krankheiten schufen eine hoppelnde, schlurfende, schielende, verschorfte Bevölkerung, der es an Gliedmaßen und Augen mangelte. Krücken, Holzbeine, Glasaugen und Armhaken waren sehr gefragt. Wenn man an Kindern rote Bäckchen sah, dann nur, weil sie Tuberkulose hatten. Laß Dich nicht von der verbreiteten Vorstellung täuschen, das georgianische England sei eine ländliche Idylle gewesen. Natürlich haben es die Künstler der Zeit gern so dargestellt (nun ja, mit der Ausnahme von Cruikshank und Rowlandson, die ins andere Extrem fielen, wie ich hoffe). Das gleiche taten die Schriftsteller, und es steht Dir völlig zu, Deine Ungläubigkeit auszublenden, solange Du Jane Austen liest; sie machte es schließlich genauso, während sie schrieb. Eine Erzählung ist zum Glück nicht die Wirklichkeit und braucht sie nicht zu sein. Die wirkliche Welt drängt sich schon gewalttätig genug in das innere Abenteuer, das unser Leben ist, ohne daß ihr die Literatur auch noch Vorschub und Hilfe leistet.

Im Verlauf von Jane Austens Leben – sie wurde im Dezember 1775 geboren und starb im Juli 1817 – veränderte sich die moralische Einstellung entscheidend, heißt es. (Aber Du weißt ja, es heißt so vieles.) Sie wurde eine Zeitlang freier, bevor der Starrkrampf der viktorianischen Prüderie einsetzte. Die Pubertät trat früher ein; daß Frauen sexuell aktiv waren, wurde weniger erstaunlich und weniger bedrohlich gefunden; in wachsendem Maße heirateten junge Frauen aus Liebe und nicht auf das Geheiß ihrer Eltern. Die Heiratsquote stieg, das Heiratsalter sank, und die Zahl der unehelichen Kinder nahm drastisch zu. Zu ihrem Glück oder Unglück wurden die Frauen fruchtbarer. Die Säuglingssterblichkeit nahm ab. Die Statistiken kennen wir: alles übrige sind jene groben Verallgemeinerungen, die Sachbuchautoren so gerne vornehmen; wahrscheinlich stimmen sie mehr oder weniger, und jedenfalls bestehen Leute wie Du ihre Examen, wenn sie ihnen geläufig sind. Vielleicht hat sich die «moralische Einstellung» gar nicht verändert, sondern es *passierte* einfach etwas.

Warum, fragst Du? Bessere Ernäherung, bessere Hygienekenntnisse, die Nachwirkungen der französischen Revolution, die Lockerung des Knebels der Kirche, mehr Romane und bessere Romane, die von mehr Leuten in den meinungsbildenden Schichten der Bevölkerung gelesen wurden, bessere Dichtung – nicht weitgreifende soziale Veränderungen, keine Wellen, die das politische System umstürzten, sondern der mächtige, scharfe Blick von einzelnen. Von wem? Von Lord Byron? James Stephenson? Blake? Shelley? Jane Austen? Der des Prinzregenten?

Jede Theorie klingt plausibel, bis sie durch die nächste ersetzt wird. Da ich Schriftstellerin bin, schätze ich die Bessere-Romane-Theorie und gebe sie hiermit an Dich weiter. Wenn die äußere Welt nur ein Abbild der inneren ist, wenn sich für eine Person, die sich verfeinert, auch die äußere Welt verfeinert, dann wirkt auch sozialer Wandel von innen nach außen, überträgt sich vom einzelnen auf die größere Gemeinschaft. Kläre Menschen auf, und Du klärst die Gesellschaft auf. Wie findest Du das?

Genug für heute. Ich habe einen Brief von Deiner Mutter bekommen; sie hat mir seit vielen Jahren nicht mehr geschrieben. Ich fürchte, sie meint, ich hätte einen zerrüttenden Einfluß auf Dich: ich weiß, Dein Vater glaubt, Feministinnen (Nicht-Feministen betrachten mich als Feministin) seien eine Gefahr für das gesellschaftliche Gefüge insgesamt und für die Ehe im besonderen, und er wünscht nicht, daß die Frauen in seiner Familie zuviel mit mir in Berührung kommen, und das Eintreffen der 500 Pfund wird alte Befürchtungen geweckt haben; aber ich versuche, so verantwortlich und informativ und hilfreich zu sein, wie ich nur kann. Also beruhige bitte Deine Mutter, und, falls Dir nach einem Gespräch über dieses Thema ist, Deinen Vater.

Mit lieben Grüßen
Tante Fay

Dritter Brief

Eine Schulung in Gefügigkeit

Cairns, Dezember

Liebe Alice,
wir können eindeutig nicht weitermachen, bevor ich Dir nicht die groben Umrisse von Jane Austens Leben vorgeführt habe. Wie viele meiner Generation bin ich mit der undeutlichen Kenntnis ihrer Lebensumstände aufgewachsen und brachte sie immer mit der eleganten Stadt Bath während der Regency-Zeit in Verbindung, mit dandyhaften Herren, Kutschen, Bällen, Putz, romantischen Entführungen. Aber ich muß davon ausgehen, daß Deine Kenntnisse noch vager sind, als es meine waren. Du schreibst mir, daß Du einer Frauenstudien-Gruppe angehörst; also kann ich wohl annehmen, daß Du eines über Jane Austen weißt, nämlich daß sie nicht die erste Romanautorin von einiger Bedeutung war, sondern lediglich die erste, von der die Literaturgeschichte Kenntnis zu nehmen geruhte. Das ist wenigstens ein Anfang.

Am 16. Dezember (dem Geburtstag Deines Cousins Tom) wurde Jane Austen im Pfarrhaus von Steventon in Hampshire geboren. Ihr Vater George war dort Pfarrer. Sie war das siebte von acht Kindern, und ihre Mutter war bei ihrer Geburt sechsunddreißig. Für die damalige Zeit war das keine sonderlich große Familie. Die Austens waren vitale und intelligente Leute, und alle ihre Kinder blieben am Leben. Der zweite Sohn jedoch, der als Epileptiker geboren wurde und bei einer Familie im Dorf aufwuchs, wird selten erwähnt, obwohl er fast siebzig Jahre alt wurde, älter als viele seiner Geschwister. Intellekt wurde in dieser Familie hoch geschätzt, und ich glaube nicht, daß Mrs. Austen aus dem Stoff gemacht war, aus dem die Märtyrerinnen sind. Viele Bücher über Jane Austen (und es gibt sehr viele, denn wir haben es heutzutage ebenso mit einer literarischen Industrie wie mit einer Agrarindustrie zu tun, und die erstere verhält sich zum Lesen so wie die letztere zum Bauersein) wollen Jane Austens Leben unbedingt als sanfte Idylle darstellen, gelebt in jenen lang vergangenen Zeiten, in denen es sich noch idyllisch leben ließ – bevor Freud uns Erkenntnisse und Marx uns ein schlechtes Gewissen schenkte. Die Familie Austen wird in diesen Büchern als die perfekte englische Familie dargestellt, als das Modell aller künftigen. Ihre wirkliche Kraft und Entschlossenheit wird unterschlagen. Sie mögen zwar in der Vergangenheit gelebt haben, aber sich selbst kamen sie so wirklich vor wie wir uns heute, und ebenso kompliziert.

Die Familie Austen wird zumeist zur *gentry* gezählt, der Schicht der Gentlemen, die unter dem Adel stand, aber ein wenig über dem neuen, gut ausgebildeten Bürgertum (Ärzte, Anwälte, Kaufleute und so weiter); einer Schicht, die von ererbtem Besitz lebte und Dienstboten hatte. Die *gentry* hielt viel von sich selbst; sie verachtete gern den Adel wegen seiner ausschweifenden Lebensweise und wurde umgekehrt von diesem verachtet, weil sie so langweilig und ehrbar war. Aber die zeitgenössischen Statistiken weisen die Geistlichen der Kirchen von England und Schottland als eigene gesellschaftliche Gruppe aus, der 18 000 Personen (aus einer Bevölkerung von 11 Millionen) angehören, während sie zu «Adel und *gentry*» nur 5000 Köpfe zählen, also gewiß nicht die Kirchenleute.

Die Familie Austen war belesen, lebhaft und alles andere als langweilig. Die Angehörigen lebten, wie damals üblich, eng beieinander und hatten einander offensichtlich gern. Ich weiß nicht, wie Du es aushalten würdest, Alice, wenn Du Dein ganzes Leben lang im Haushalt Deiner Mutter leben müßtest? Das nämlich mußte Jane Austen; eine andere Möglichkeit blieb ihr nicht, es sei denn, sie hätte geheiratet. Ehrbare Frauen lebten damals nicht allein, außer sie waren verwitwet, und selbst dann wurde von ihnen erwartet, daß sie ins Haus eines Verwandten zogen, wenn es irgend ging. Alte Menschen waren nicht dazu verdammt, allein zu leben, wie heute so oft.

Steventon ist ein abgelegener Ort – auch heute noch, wo die Straßen gut sind und man sich mit Motorfahrzeugen fortbewegen kann. Von Basingstoke aus fährt man dorthin in etwa zehn Minuten durch hübsche, ländliche Wälder. Es gibt dort heute nichts zu sehen außer weiteren Waldstücken, weiteren Feldern, einem großen, leeren, zerfallenden Haus aus der viktorianischen Zeit und dem schönen Kirchlein gegenüber, in dem George Austen predigte. Eine gewaltige, freundliche Eibe steht davor. Das Pfarrhaus, in dem die Austens wohnten, wurde um 1940 aus unerfindlichen Gründen abgerissen. Heute gibt es dort nichts: keine Disco, keine Versammlungshalle, nicht einmal eine Telefonzelle. Ich stelle mir vor, daß es dort damals erst recht wenig gab – 1840 hatte Steventon ganze 197 Einwohner, und es gibt keinen Grund anzunehmen, daß sich viel geändert hatte seit der Zeit der Austens. «Der Wert des Pfarrhauses wird auf £ 11 4s 7d geschätzt. Das Herrenhaus wirkt sehr antiquiert, man ahnt noch etwas von vergangener Pracht», schrieb ein zeitgenössischer Journalist. Trotzdem vermute ich, daß man sich in Steventon vor 200 Jahren weniger isoliert gefühlt hat als heute. Es ist nur 70 Kilometer von London entfernt. Whitchurch, der nächste Marktflecken, liegt 10 Kilometer westlich, und das betrachtete man damals als eine leicht zu Fuß überwindbare Entfernung. Die besseren Leute auf dem Land fürchteten die Unannehmlichkeiten des Reisens nicht – sie besuchten einander oft im offenen

Wägelchen oder mit der Kutsche, wohnten bei Freunden oder Verwandten und sahen sich die Sehenswürdigkeiten an.

Auch waren die Austens nicht von den Weltereignissen abgeschnitten. Ihre Zeitungen berichteten intelligent, informativ und ausführlich. Zwar kommt die Welt der Politik und Macht, des Konflikts und der Revolution in Jane Austens Romanen so gut wie nicht vor, aber sicher nicht aus Unwissenheit, sondern aus freier Wahl. Der mutterlose Sohn des verrufenen Gouverneurs von Indien, Warren Hastings, lebte für einige Zeit im Haushalt der Austens, wenngleich vor Janes Geburt. Eine Cousine von ihr heiratete einen französischen Adligen, der während der Revolution geköpft wurde. Die jungen Männer aus der Familie zogen in den Krieg. Jane Austen wußte genug, mehr als genug.

Aber Du mußt berücksichtigen, daß politisches Bewußtsein, erst recht politisches Handeln, den Menschen damals ferner lag als heute. Es gab keine Labour Party und keine Konservativen mit Ortsgruppen, kein Green Peace und keine «Grauen Panther» – keine Interessengruppen, die für dieses oder gegen jenes eintraten. Die Kirche predigte Demut, Ergebung in den Willen Gottes hier auf Erden; da man annahm, jeder werde verdientermaßen entweder in den Himmel oder in die Hölle kommen, erschien es als insgesamt unwichtig, was hier auf der Erde geschah. Wohltätigkeit half den Seelen der Wohltätigen; darauf kam es an. Daß man den Armen die Mägen mit Wohltätigkeitssuppe (aus Kohl und Knochen gekocht) füllte, war dabei eher ein Nebenergebnis. Die Armen seien beim Rennen zum Himmel sowieso im Vorteil, fanden die Bessergestellten. Jesus hatte gesagt, sie kämen in jedem Fall als erste dort an. Die Wissenschaft ging von einer allmählichen Lösung der Geheimnisse des Universums und einer schrittweisen Beseitigung der Unwissenheit aus; damit wären dann alle sozialen Mißstände beseitigt.

Man wäre zutiefst erschrocken, hätte Jane Austen ein «soziales Bewußtsein» im modernen Sinne an den Tag gelegt; daß sie das nicht tat, war weder überraschend noch ein Grund, sie zu verdammen. In Wahrheit war sie sozialbewußt im Sinne ihrer Zeit – in einer erst jüngst aus der Barbarei (und sei's einer poetischen Barbarei) aufgetauchten Welt analysierte sie die neue Verfeinerung im Umgang der Menschen miteinander und verfeinerte sie weiter, beobachtete das neue Interesse an der verborgenen, der echten und nicht der religiösen Moralität, aus der heraus Menschen miteinander sprechen, sich zueinander verhalten, einander lieben oder nicht lieben. Sie verurteilte und billigte, und dies auf Grund keiner andern Autorität als derjenigen, die ihr das weltliche Denken der Familie Austen mitgegeben hatte, auf Grund ihres eigenen Denkens, ihres moralischen Muts und ihrer schlichten Meinung. Das genügt für jeden Schriftsteller als Ausgangsbasis.

Jedes Kind, das den Austens geboren wurde, kam zu einer Amme im Dorf; es wurde also nicht von seiner Mutter, sondern von einer andern Frau gestillt. Das war damals üblich. Ob das nun ein Trauma für das Kleinkind bedeutete oder nicht, das wirst Du mit Deinen pro- oder prae- oder neo- oder antifreudianischen Freunden klären müssen. (Ich vermute, die meisten Deiner Freunde sind gegen Freud. Modisch ist es zur Zeit, nicht den einzelnen, sondern nur die Gesellschaft als neurotisch zu betrachten. Vor zwanzig Jahren war das Umgekehrte Mode. Thema für einen Besinnungsaufsatz: «Die Menschen werden böser, die Gesellschaft besser.») Als Amme konnte eine Bauersfrau, vor allem, wenn sie gerade einen Säugling verloren oder eine Totgeburt gehabt hatte, ein bißchen Geld verdienen; die Frauen der besseren Kreise erhielten sich so ihre Kräfte und ihren Status als höhere Wesen. Und ihre gute Figur, wollte ich eben hinzufügen, aber ich glaube nicht im Ernst, daß sie daran dachten; das mag für die Damen des Adels und für die Halbweltdamen eine Rolle gespielt haben, aber wohl kaum für Mrs. George Austen, Mutter von acht Kindern, Frau des Pfarrers von Steventon und Deane, oder für Frauen wie sie. Sie hatte sicher ehrbarere, höhere und vernünftigere Ziele.

Unter guter Elternschaft verstand man in England bis kurz nach dem Zweiten Weltkrieg, wenn die Mutter für die körperlichen Bedürfnisse des Kindes sorgte (oder sich darin vertreten ließ) und der Vater darauf sah, daß es eine Erziehung erhielt – daß das Kind emotionale Bedürfnisse hat, dessen war man sich keineswegs allgemein bewußt. Falls ein Interessenkonflikt auftrat, war die Mutter dem Vater verpflichtet, nicht dem Kind. In der Zeit des Kolonialreichs folgten die Frauen ihren Männern um die Welt und verfrachteten ihre Kinder zurück nach England – wo sie dann in gruseligen Internaten hausten, mit großer Wahrscheinlichkeit sexuell mißbraucht, geschlagen und miserabel ernährt wurden, ohne daß es anscheinend jemanden beunruhigte. Du weißt nicht, was für ein Glück Du hast, nicht früher geboren zu sein, kleine Alice.

In meiner Kindheit während des letzten Krieges wurden Londoner Schulkinder vor Hitlers Bomben aufs Land evakuiert; Mütter aus der Arbeiterschicht kamen an die Schultore und stellten fest, daß ihre Kinder an unbekannte Orte verfrachtet worden waren. Die Mittelschichtfrauen, von denen die Evakuierung organisiert wurde und für die es selbstverständlich war, daß ein Kind von seiner Mutter getrennt wird, begriffen nicht, wieso die Arbeiterfrauen sich so aufregten. Ebensowenig begriffen es natürlich die Mittelschichtmänner, die fanden, man müsse Jungen so früh wie möglich von der Mutter trennen, um Männer aus ihnen zu machen. Aber dann kam Mitte der fünfziger Jahre ein Psychiater namens Bowlby und schrieb so eindringlich über das Trauma der Trennung von Mutter und Kind, daß er eine ganze eingeschüchterte Generation von Mittelschichtfrauen dazu brachte, ihre Kinder keine Minute von der Hand zu lassen und sogar auf Kinderwagen zu verzichten, weil der Gebrauch dieser Fahrzeuge Trennung zur Folge hat. John Bowlby wird nun als Rädelsführer der Verschwörung gegen die Frauen verdammt, und das mag er in mancher Hinsicht auch gewesen sein; aber wenigstens ist jetzt bekannt, daß ein Kind Gefühle hat. Wir müssen solche Dinge *gesagt* bekommen, weißt Du. Es ist verblüffend, wie unwissend wir sind, wenn wir uns auf den Instinkt verlassen. «Instinkt» bedeutet gewöhnlich nur unsere Abrichtung, dieses oder jenes zu glauben, ohne nach den Hintergründen zu forschen.

Als Jane Austen entwöhnt werden sollte – mit etwa einem Jahr –, wurde sie von ihrer Amme weggeholt, von jener Frau, die sie als Mutter betrachten mußte, und in ihre eigene Familie zurückverpflanzt. Sicher waren sie dort nett zu ihr. Aber eine heutige Sozialarbeiterin würde mißbilligend den Kopf schütteln und darin ein einschneidendes Lebensereignis sehen, eines von jenen, die gemäß den Versicherungsstatistiken das Risiko eines frühen Todes vergrößern. Es ist überliefert, daß Janes zweieinhalb Jahre ältere Schwester Cassandra einen Wutanfall bekam, aber zweifellos gab es genug Dienstboten, die das ältere Kind davon abhalten konnten, diese plötzlich eingetroffene neue Rivalin zu ersticken. Wenigstens hofft man das.

Deine Schwester Polly ist zwei Jahre jünger als Du, Alice. Ich glaube mich an fürchterliche Momente zu erinnern, in denen die Eifersucht über Dein ansonsten sonniges Wesen siegte. Du hast versucht, Polly als Baby zu ertränken; ihr Näschen mußte geröntgt werden, und welche Sorgen sich Deine Mutter machte, die Strahlen könnten das Knochenmark schädigen! Wir haben keinen Grund anzunehmen, daß Kinder damals anders waren als heute und weniger fürchteten, verdrängt zu werden. Wir bemühen uns nur mehr, sie vor dieser Panik zu bewahren – jedenfalls, wenn wir der neuen fürsorglichen Mütterschicht angehören.

Als Jane 1783 sieben war, wurde sie zusammen mit Cassandra zu einer gewissen Mrs. Cawley gesandt, der Witwe des ehemaligen Vorstehers eines Colleges in Oxford, wodurch sie als befähigt galt, Mädchen zu unterrichten. Man fragt sich, warum das nötig war: die Brüder wurden zu Hause von George Austen unterrichtet, einem professionellen Erzieher; und wenn die Mädchen denn unbedingt eine weibliche Hand spüren sollten, dann war Mrs. Austen die Nichte des Rektors von Trinity College, und das ist doch wirklich etwas Besseres, als die Witwe des Masters von Brasenose zu sein, möchte man meinen – aber ich mache Scherze . . . Da gab es nichts zu lachen. Cassandra und Jane waren todunglücklich. Und Mrs. Cawley war ein Scheusal. Sie ging mit den Mädchen nach Southampton (warum bloß?), wo sie beide lebensgefährlich an Typhus erkrankten. Mrs. Cawley benachrichtigte die Austens nicht, aber zum Glück tat das Jane Cooper, eine Mitschülerin und Cousine der Mädchen. Das Ehepaar Austen und Mrs. Cooper reisten an, um ihre Kinder heimzuholen. Jane wäre beinahe gestorben; die arme Mrs. Cooper steckte sich an und erlag der Krankheit.

Auch diese Episode nähme sich in der Akte unserer Sozialarbeiterin nicht gut aus. So schlimme frühe Erlebnisse in so früher Jugend würden heute vor Gericht als mildernde Umstände gewertet werden. Doch unbekümmert schickten die Eltern Austen Jane und Cassandra im folgenden Jahr erneut von zu Hause fort, in eine andere Schule. Weder konnten sie ihr Handeln mit der Einsicht späterer Generationen betrachten, noch wäre ihnen wohl der Gedanke gekommen, daß ihr Leben und ihr Verhalten einmal so unfair genau unter die Lupe genommen würde.

Zwar muß im Pfarrhaus Gedränge geherrscht haben, das ist mir klar: auch wenn der neunzehnjährige James nun in Oxford studierte und der siebzehnjährige Edward bei den feinen Knights lebte (die ihn als sehr kleinen Jungen liebgewonnen hatten), waren doch Henry, Francis und Charles noch zu Hause – nun elf, acht und fünf Jahre alt. (Die beiden Jüngsten wurden mit zwölf zur Marine geschickt, ein furchtbar brutaler und gefährlicher Ort für Kinder.) Und ich weiß, daß Mrs. Austen sich so verhielt, wie es Mütter ihrer Schicht und Generation taten; ich weiß auch, daß sich nur schwer eine Bindung zum Kind herstellt, wenn eine Mutter nicht stillt und so weiter; und ich weiß wahrhaftig, daß es immer leicht und meistens gemein ist, andere Mütter zu kritisieren; und daß es unerträglich gewesen sein mag, auch noch Cassandra und Jane im Haus zu haben, vor allem, wenn Cassandra dickköpfig und Jane, Vaters Liebling, hochmütig war – ich weiß das alles, aber trotzdem: das können Sie doch nicht machen, Mrs. Austen!

Jane und Cassandra kamen in ein Pensionat in Reading, in dem sie sich nach allen Berichten recht wohl fühlten und wo die Schulleiterin ein künstliches Bein aus Kork trug. Am Ende des Jahres holte Mrs. Austen ihre Töchter wieder heim – vielleicht fand sie, es ginge ihnen zu gut. Das ist zwar nicht sehr freundlich von mir, aber die meisten Biographen der Austens deuten so krampfhaft alles, was in der Familie geschieht, als in bester Absicht von heiligen Personen angezettelt, daß ich in Versuchung geriet und ihr erlegen bin. Wie jede Familie damals und heute, vor allem aber damals, wollten die Austens öffentlich einen guten Eindruck machen. Das ist ihnen gelungen, und es sei ihnen gegönnt; ich werde also nicht weiter herumstochern. Mrs. Austen hatte ihre Töchter wieder.

Dennoch, Alice – mir tut die kleine Jane leid, und die junge Frau, zu der sie heranwuchs, und die alte Frau, die sie nie werden sollte; ich muß an das kleine Schlafkämmerchen nach hinten hinaus denken, während ihre Mutter das große Zimmer zur Straße hin bewohnte – in jener zum Wohnhaus umgewandelten Biergaststätte in Chawton, wo Jane Austen ihre mittleren Jahre verlebte und starb. Und mir schwirrt der Kopf vor Fragen. Ich denke, sie hat wirklich ihren Willen zurückgenommen, ihrer Seele Demut befohlen und tapfer die Fassung gewahrt, wie es einer guten Nonne in einem guten Kloster gelingen mag, und hat sich in die alternativen Welten ihrer Romane geflüchtet. Und weil sie einfach so gut war oder wurde und ihre Selbstdisziplin so verläßlich war, brachte sie in jene erfundene Welt genug von jener wirklichen hinein, die wir kennen und zu lieben glauben, die *sie* aber wohl eher haßte, um ihre Romane viele Generationen überleben zu lassen.

Aber wir sollen bei den Fakten bleiben, nicht zu phantasievoll werden. Und nicht sprunghaft, wie man es der jungen Jane Austen vorwarf. Francis ging zur Marine, und die Mädchen kamen heim. Mrs. Austen unterrichtete sie in den häuslichen Künsten. Schätze die nicht zu gering, Alice. Sicher werden die Umstände Dich irgendwann in Deinem Leben im Haus festhalten, und man kann diese Zeit nützlich, vergnüglich und kreativ verbringen, indem man das Haus pflegt und Wiedergutmachung für all die Jahre leistet, in denen man die Möbel nicht gewachst und das Kupfer nicht poliert und heiße, feuchte Kaffeetassen auf empfindliche Holzflächen gestellt hat. (Solltest wir uns je treffen und solltest Du so etwas tun, mußt Du damit rechnen, daß ich Dich auffordere zu gehen. Du mußt es lernen, alles zu achten, auch wenn es nur ein Möbelstück ist, in das Menschen Sorgfalt, Mühe und Liebe investiert haben.) Die häuslichen Künste bestanden nicht nur aus dem Arrangieren von Blumen und dem Malen von Aquarellen: sie bestanden sowohl aus nützlichen wie auch aus dekorativen Fertigkeiten. Natürlich unterschieden unsere Vorfahren zwischen beidem nicht so wie wir.

Zwar erledigten vielleicht die Dienstboten die Arbeit, aber die Frauen in der Familie wußten bis ins Detail, wie sie erledigt werden mußte: wie ein Zimmer auszuräumen, ein Fußboden zu schrubben war; wie Silber geputzt, Bettzeug gelüftet, Kleidung in Ordnung gehalten gehörte und wie die Wintervorhänge zu verstauen waren, wenn es Sommer wurde. Hausarbeit war damals von Würde und einem ehrfurchtgebietenden Zauber umgeben – ich freue mich auf den Tag, an dem etwas davon wiederkehrt. Es ist zu leicht zu glauben, etwas sei nichts wert, nur weil es traditionell eine Aufgabe der Frauen ist. Im Gegenteil.

Die Töchter des Hauses lernten es, jede Vergeudung strikt zu meiden – aus Stoffresten Patchwork-Decken zu machen, aus altem Brot und Brombeeren von der Hecke eine Mahlzeit. In einer Zeit, in der es so viele fröstelnde, hungernde Arme gab, muß Verschwendung nicht nur unmoralisch gewirkt haben, sondern unglückverheißend: eine Beleidigung der Götter.

Die Mädchen lernten nähen; zur Übung bestickten sie zunächst grobes Leinen mit den verschiedenen Stichen. (Als ich und Deine Mutter Kinder waren, hing eine solche Übungsstickerei gerahmt in unserem Zimmer: ‹Das Menschenleben zerfällt zu Staub – Sara Price, ihre Arbeit, 1799. Wir vertrauen auf Gott.› Das hat mich sehr beschäftigt. Was nützte das schon, auf Gott zu vertrauen? Die arme kleine Sara Price war längst tot, trotz all ihrer Gebete, ihrer frommen Gedanken und ihrer Mühen. Ich habe Deine unglückliche Mutter immer damit geärgert, daß ich Tränen über Sara Price vergoß und mich dabei erwischen ließ – womit ich kundtat, daß ich sensibler sei als sie.)

Zu den häuslichen Künsten gehörte das Kochen. Die Austen-Töchter dürften nicht selbst gekocht haben, aber sie konnten die

Köchin anleiten und beaufsichtigen. Sie dürften gewußt haben, wie man eine Gans rupft und Bratensud klärt und wann der Gärtner die Karotten aus der Erde ziehen mußte. Sie wußten, wie man Hennen dazu bringt, im Winter zu legen – indem man den Hahn absondert und die Hühner täglich mit etwas Hackfleisch füttert. Ihre Kenntnisse darin, wie man die Dinge zum Wachsen, Blühen und Funktionieren bringt und wie man sie am besten pflegt, dürften den Deinen weit überlegen gewesen sein, Alice. Die «Hauswirtschaftslehre», die heutzutage in Schulen unterrichtet wird (und dazu noch vor allem in den Schulen für die begriffsstutzigsten Mädchen, also bist Du vermutlich nie darin unterrichtet worden), ist nur ein erbärmlicher Rest dessen, was Frauen einmal wußten, als solche Fertigkeiten hochentwickelt, notwendig und sehr geachtet waren.

Die englische Küche war von der Mitte des letzten bis zur Mitte dieses Jahrhunderts die schlechteste, wäßrigste und fadeste der Welt. Schuld an diesem Verfall, heißt es, war der gesellschaftliche Ehrgeiz der neuen berufstätigen Aufsteiger: kein Haushalt kam ohne sein Mädchen-für-alles aus, und wenn es in dem Verschlag unter der Treppe schlafen mußte. Die Hausherrin neuen Stils betrachtete das Kochen nicht nur als unter ihrer Würde, sie hatte auch nicht die Kenntnisse oder den Willen, das armselige Geschöpf anzuleiten, das sie dafür anstellte. Die Traditionen einer guten Küche, der Sinn für Speisen starben aus. Im übrigen Europa, das überwiegend ländlich blieb und wo die Bevölkerung nicht so plötzlich und drastisch zunahm wie in England, blieben diese Traditionen erhalten.

Nun ja, wir haben dazugelernt. Wir haben Bücher gelesen. In den letzten zwanzig Jahren standen immer Kochbücher oben auf den Bestsellerlisten. Wir haben uns die alten Fertigkeiten zurückerobert. Es heißt, das Essen in englischen Privathaushalten sei heute nicht nur besser als früher, sondern besser als fast überall sonst. (Aber Du weißt ja, es heißt so vieles.) Dabei ist es noch gar nicht so lange her, daß Deine Großmutter eine Stelle in einem Restaurant annahm und morgens um acht als erstes den Kohl für das Mittagessen aufsetzen mußte.

Ich habe keinen Zweifel, daß bei den Austens der Gärtner irgendwann am Vormittag einen guten Kohlkopf in die Küche brachte; daß das Gemüse kurz in Salzwasser gedämpft, dann feingeschnitten, in kochender Milch (die es leichter verdaulich macht) zart gedünstet und sofort aufgetragen wurde. Köstlich! wie ich in meinen Werbetexter-Zeiten gesagt hätte.

Soviel zu den häuslichen Künsten. Inzwischen erhielten Cassandra und Jane eine elegante, anmutige Bildung. Ihr Vater brachte ihnen die klassischen Sprachen bei, wozu er als Theologe mühelos imstande war. Schließlich war damals noch vor nicht allzu langer Zeit Latein in ganz Europa die Schriftsprache gewesen; in den Landessprachen unterhielt man sich nur im Alltag. Ein wahrer Internationalismus! Vermutlich hast Du beigebracht bekommen, Latein als unnütz, elitär und altmodisch abzulehnen, aber es vermittelt einem ein Gefühl für die Struktur der Sprache selbst und macht einem die Muster des eigenen Denkens bewußt. Subjekt, Objekt, Genitiv, Aktiv, Passiv – wahrscheinlich klingt das öde in Deinen Ohren, aber ich und viele Leute meiner Generation, die später Schriftsteller wurden, erinnern sich gern, fast mit Liebe, an den Lateinunterricht. Warum sollte es Cassandra und Jane, zwei gescheiten Mädchen, anders gegangen sein?

Bestimmt haben sie sich gesittet benommen. Dorfmädchen balgten sich mit Jungen, tollten im Heu herum, lachten laut, heulten hemmungslos, zettelten Streit an – aber nicht die Pfarrerstöchter. Als Francis seine Offiziersausbildung an der Royal Naval Academy beendet hatte und, mit vierzehn, gerade dabei war, zur See zu gehen, schrieb ihm Mr. Austen im folgenden Ton:

Ich erachte es darum für notwendig, Dir vor Deiner Abreise meine Ansicht zu jenen Dingen mitzuteilen, die ich als die für Dich bedeutsamsten ansehe. Du kannst entweder durch herablassendes, unfreundliches und egoistisches Benehmen Widerwillen und Abneigung hervorrufen oder durch Leutseligkeit, gute Laune und Willfährigkeit der Gegenstand von Achtung und Zuneigung werden; welchen von diesen Pfaden einzuschlagen in Deinem Interesse liegt, brauche ich Dir nicht zu sagen.

Ein moderner Vater schriebe wahrhaftig anders an einen Sohn, von dem er wüßte, daß er zur See geht – in einer Zeit, wo sich England im Krieg mit Frankreich befindet, die Schiffe Todesfallen sind, Matrosen mit Gewalt zur Marine eingezogen werden müssen und mehr Männer Krankheiten und brutaler Behandlung zum Opfer fallen als den Franzosen. Macht alles nichts: Pfarrer Austen predigt Überleben vermittels guter Manieren. Und als so schlecht erwies sich der Pfad nicht, dem Francis folgen sollte: er brachte es bis zum Admiral.

Die Familie Austen war sehr, sehr englisch. Sie machten nicht viel Aufhebens; auch Jane in ihren Romanen nicht. Reverend Austen kannte die Gefahren sehr wohl, denen sein Sohn entgegensah; Jane kannte sehr wohl die Krankheiten, den Hunger und das Elend im Dorf. Doch der menschliche Geist hatte sich über derlei Dinge zu erheben, über das furchtbare Leben des Fleisches, fern vom Himmel, aber noch nicht ganz in der Hölle, und er tat es. Ich halte es für einen Fehler, diese Haltung als hartherzige Gleichgültigkeit zu betrachten. Sie war eine Taktik; das Beste, was man angesichts der Schrecken tun konnte. Engländerinnen der Mittelschicht verhalten sich während Geburten noch immer leiser als Gebärende in irgendeinem andern Land der Welt. Sie entschuldigen sich – «Tut mir leid, daß ich mich so anstelle, Herr Doktor. Andern geht es sehr viel schlimmer als mir.» Was für eine Tradition – großartig, absurd und gefährlich.

Und Francis dürfte als Leutnant zur See gut gegessen haben,

jedenfalls besser als die Matrosen. (Hast Du jemals die erste Verfilmung von *Die Meuterei auf der Bounty* gesehen, mit Charles Laughton? Dann hast Du eine gute Vorstellung vom Leben eines Leutnants zur See.) Diese Unglücklichen bekamen Schiffszwieback und trübe Brühe vorgesetzt; oben in der Offiziersmesse wurde ihren Vorgesetzten nach ein paar Wochen in der Flaute schließlich das gleiche Essen serviert, nur auf Porzellantellern, mit weißen Servietten und poliertem Silberbesteck, und vielleicht wurde es dadurch nahrhafter. Es gibt auch noch den Geist, mußt Du wissen, Alice, nicht nur das Fleisch. Wenn Du das nächste Mal bei McDonald ißt, denk daran.

Da haben wir also den Haushalt der Austens in den letzten Jahren des achtzehnten Jahrhunderts – geschäftig, munter, bestimmt von Selbstbeherrschung, Willfährigkeit und Kindestugenden. Wenn sich Jane Austen in ihren Briefen gelegentlich höchst unliebenswürdig äußert, erstaunt einen das nicht. Mehr darüber später. Sie war sehr gescheit, sehr wahrnehmungsstark, lebte ihr Leben lang unter der Fuchtel ihrer Mutter, bewunderte und liebte einen Vater, der ihr nichts leichter machte – wie Mr. Bennet in *Stolz und Vorurteil* ließ er Frau und Kinder unversorgt zurück; und sie lebte keusch, obwohl sie sinnlich, offen und romantisch war.

In Deiner Sprache, denke ich, würde man sie als ‹gehemmt› bezeichnen, aber das wäre eine Übervereinfachung; das hieße, ihr Schreiben allzu direkt als Reaktion auf ihr Leben zu deuten, ihre Begabung als eine Form von Neurose. Die Fähigkeit zu schreiben ist zunächst eine Gabe, das goldene Geschenk einer Fee; daß jemand das Handwerk des Schreibens so weit entwickelt, daß die Welt aufhorcht, wenn er es besessen genug betreibt – das kann man womöglich als neurotisch bezeichnen, auch wenn ich das nur murrend einräume.

Sie ist neurotisch.

Du bist nervig.

Ich bin völlig normal, danke für die Nachfrage.

Das Schreiben ist eine seltsame Tätigkeit. Andere Leute haben Berufe, Jobs; das Leben eines Schriftstellers ist Arbeit, und die Arbeit ist das Leben, und davon gibt es keinen Urlaub. Wenn der Stift nicht arbeitet, dann der Kopf, und selbst wenn Du dasitzt und dir *E. T.* ansiehst, grübelt das ‹außerirdische› Unbewußte weiter (das kollektive Unbewußte à la Jung oder das persönliche Unbewußte à la Freud). Sogar im Schlaf bist Du davor nicht sicher: Träume beziehen sich auf das Leben, das Leben auf Träume, und beide beziehen sich auf die Arbeit. Es gibt da keine Freizeit, keine wirkliche Ablenkung, weil Du Dich mitnimmst, wohin Du auch gehst; und es gibt auch keine pure Erfahrung, ungetrübt von Erwägungen und von der Angewohnheit des Schriftstellers, zurückzutreten und zu beobachten, was vor sich geht – Schriftsteller leugnen immer vehement, daß sie das tun, weil es so leidenschaftslos und berechnend klingt, aber das ist es nicht. Sie müssen mit den Augen eines Marsmenschen, eines Fremden in einem fremden Land beobachten, müssen über dies staunen und sich über jenes entsetzen, während sie doch wissen, daß sie selbst Teil davon sind und sich so menschlich irren können wie jeder. Sie müssen die Verbindung zwischen dem denkenden Kopf und der schreibenden Hand so trainieren, bis die Wörter gleichzeitig mit dem Gedanken auftauchen, oder noch davor; bis die Sprache selbst Leben gewinnt. Der Sprache kannst Du dieses eigene Leben einräumen, aber die andern Elemente eines Buchs – Gestalten, Handlung, Sinn – müssen unter der Kontrolle des Autors bleiben. Vorsicht vor dem Werk eines Schriftstellers, der sagt: meine Gestalten lenken mich, sie machen sich selbständig! Vielleicht tun sie das, aber wer hat Lust, ihnen zu folgen? Was der Leser will, ist der lenkende Verstand des Autors, eine kontrollierte Phantasie; höchst selten das Schweifen eines müßigen Autors.

Der Instinkt, sich das Handwerk anzueignen, ist stark, wenn die Begabung vorhanden ist. Jane Austen schrieb ihr erstes Buch mit vierzehn. Es trägt, falsch geschrieben, den Titel *Love and Freindship* und ist sehr komisch. Sie hat offensichtlich viele Romane gelesen (jedenfalls *wissen* wir, daß sie Burney, Richardson, Sterne, Fielding gelesen hat – nicht die schlechtesten Autoren – und sicher eine Menge weniger bedeutender). Sie macht sich über die Konvention lustig. Ihre Gestalten fallen in Ohnmacht und verlieren den Verstand:

> Was uns zuerst ins Auge fiel – wir näherten uns – es waren Edward und Augustus – Ja, liebste Marianne, es waren unsere Gatten. Sophia schrie auf und sank ohnmächtig zu Boden. Ich kreischte und verlor augenblicklich den Verstand. So verharrten wir für einige Minuten, beide unserer Sinne beraubt, und als wir sie wiedergewannen, schwanden sie uns sogleich erneut. Eine und eine Viertelstunde lang blieben wir in dieser unseligen Lage befangen – Sophia immer wieder in Ohnmacht fallend und ich ebensooft den Verstand verlierend . . .

Love und Freindship ist in Form von Briefen geschrieben, wie später *Lady Susan*. Der Briefroman, ohne guten Grund gegenwärtig in schlechtem Ruf, war damals sehr beliebt. Ein solcher Roman hat die Stärken eines in der Ich-Form geschriebenen, aber die Nachteile des Erzählens in der ersten Person werden dadurch aufgefangen, daß der Autor mehrere Briefschreiber beteiligen kann. Er muß darauf verzichten, seine eigene Stimme direkt einzubringen, aber er kann sich aus dem Blickwinkel von mehr als einer Gestalt äußern. Das ist keine üble Art, eine Geschichte zu erzählen. Um einen Briefroman zum Funktionieren zu bringen, muß man eine besondere Fertigkeit besitzen, die des geborenen Dramatikers – man muß den Trick heraushaben, eine Handlung allein mit Hilfe der sprechenden Personen voranzutreiben und die für die Handlung notwendigen Voraussetzungen unbemerkt einzuschmuggeln: der Körper muß mit Fleisch versehen werden, aber man darf das Skelett nicht sehen. Jane Austen beherrschte all das schon mit vierzehn wunderbar. Sie erzählt nach dem gleichen Muster, wie es die Fernsehdrehbuchschreiber heute anwenden; jeder Brief eine neue Szene, so daß die Handlung vorankommt, und jeder aus einem neuen Blickwinkel verfaßt. Jane Austens Lebendigkeit, ihr Spaß an der eigenen Geschicklichkeit schimmert überall durch. Sie muß *Love and Freindship* mit großem Vergnügen geschrieben und mit noch größerer Befriedigung beendet haben. Die innere Erregung eines Schriftstellers, der zum erstenmal begreift, daß eine ganz neue Welt der Erfindung und Bedeutung nur darauf wartet, erforscht zu werden, ist überwältigend stark und beglückend – als würde man sich verlieben. Man fühlt sich auserwählt, entdeckt plötzlich, daß man sich von andern unterscheidet, in gewisser Weise etwas Besonderes ist. Was manchen Nicht-Schriftstellern leicht vorkommt («Ich würde auch ein Buch schreiben, wenn ich die Zeit hätte.») und andern schwer («Ich weiß wirklich nicht, wie Sie das machen.»), erscheint dem eben flügge gewordenen Schriftsteller weder als leicht noch als schwer, sondern einfach wie ein Wunder. Vielleicht spielen Bücher, Romane, im Leben von Schriftstellern eine größere Rolle als im Leben anderer Leute, so daß ein junger Schriftsteller eine weitaus größere Leistung darin sieht, tatsächlich ein Buch schreiben zu können, als zum Beispiel eine Million zu verdienen oder ein Heilmittel gegen Krebs zu entdecken oder den Kronprinzen zu heiraten.

Sei dem, wie es sei, ich glaube nicht, daß die Familie Austen es Jane erlaubte, sich auf *Love and Freindship* viel einzubilden. Sie werden sie mit sanftem Spott auf die Erde zurückgeholt haben; mit jener Art von Spott, dessen sich Jane Austen selbst manchmal bediente, und nicht immer sehr sanft: auf dem Papier einigermaßen harmlos, aber im wirklichen Leben vernichtend.

Das reicht für heute, Alice. Ich gehe jetzt zum Qantas-Büro hier in Cairns und kümmere mich um meinen Rückflug nach Hause. Cairns ist ein hübscher Ort, aber ich gehöre nicht hierher. Übrigens sind viele Häuser hier auf Stelzen gebaut, aus so vielen verschiedenen Gründen, wie ich Leute danach gefragt habe. Manche sagen, es sei wegen der Krokodile, oder wegen der weißen Ameisen, oder weil man es immer so gehalten hat, oder wegen der Belüftung, oder wegen der Überflutungen, oder wegen des sumpfigen Untergrunds, oder damit man die Aborigines besser sehen kann; und manche meinen es witzig und andere nicht – es läßt sich schwer sagen, so lässig, gutaussehend, sonnenverbrannt und lustig sind diese Queensland-Bewohner. In der Stadt selbst gibt es breite Straßen, flache Holzhäuser und eine Filiale der Kaufhauskette David Jones, deren Fassade aus Furnierholz ist und in deren Restaurant den Seeleuten (Cairns ist eine Hafenstadt, weißt Du; interessiert es Dich, hast Du einen Atlas?) riesige Portionen von Würsten, Bohnen, Steak, geröstetem Brot und süßem, heißem Tee serviert werden. Die Stämme des Aborigines draußen in der Wüste leben von Raupen, Nüssen und ab und zu ein paar Beeren; sie fügen sich besser in die Landschaft ein, denn sie sind so dünn, wie die Weißen in den Städten fett sind. Reiche Grundbesitzer importieren sich hier asiatische Mädchen als Ehefrauen. Die Mädchen, heißt es, sind froh, dem Hunger und der Armut ihrer Heimatländer entfliehen zu können; und ich habe sie gelegentlich in die Stadt kommen sehen. Anscheinend zufrieden und dankbar glitten sie hinter ihren große Schritte machenden, dickbäuchigen, selbstgefälligen Männern daher. Sollten wir uns darüber mißbilligend äußern? Ich denke, ja. Aber erinnere Dich an *Stolz und Vorurteil*. Charlotte Lucas ist mit Mr. Collins glücklich geworden, obwohl sie ihn aus sämtlichen falschen Gründen geheiratet hat. Bei ihr klappte es; für Elizabeth wäre das nichts gewesen, die zunächst schockiert war, die Sache gründlich mißbilligte und schließlich ganz anders darüber dachte.

Vermutlich hatten wir damals im georgianischen England ein kleines Modell dessen, was später im größeren Maßstab in der wilden, weiten Welt stattfinden sollte. Damals war es das Dorfmädchen, das als einziges Vermögen sein Gesicht hatte und den alten reichen, fünfzig Meilen entfernt lebenden Mann heiraten mußte, um zu überleben. Nun heiratet das hübsche Mädchen aus Java den nordaustralischen Ranchbesitzer.

Die britischen Inseln haben heute etwa 60 Millionen Einwohner. Im Jahr 1800 schätzte man 11 Millionen. Wüßtest Du gern, wie die Bevölkerung sich zusammensetzte, zum bildenden Abschluß? Ich kann mir vorstellen, daß Dir vor meiner Rückkehr graust, weil Du denkst, Du müßtest mich treffen. Aber ich versichere Dir, das mußt Du nicht.

Adel und *gentry*	5 000
Geistliche der Kirchen von England und Schottland	18 000
Geistliche anderer Religionsgemeinschaften	14 000
Armee und Miliz, einschließlich Leute mit halbem Sold	240 000
Marine	130 000
Seeleute in der Handelsmarine	155 000
Binnen- und Küstenschiffer	3 000
Steuereinnehmer	6 000
Richter, Anwälte etc.	14 000
Kaufleute, Makler, Handelsvertreter etc.	25 000
Bürobedienstete in Handelsunternehmen	40 000
Beschäftigte in Manufakturen	1 680 000
Mechniker, nicht direkt bei Manufakturen beschäftigt	50 000
Ladenbesitzer	160 000
Lehrer und Lehrerinnen	20 000
Bildende Künstler	5 000
Schauspieler, Musiker etc.	4 000
In der Landwirtschaft Beschäftigte	2 000 000

Männliche und weibliche Dienstboten	800 000
Spieler, Gauner, Diebe, Prostituierte etc.	150 000
Sträflinge, Gefängnisinsassen	10 000
Alte und Kranke	293 000
Frauen und Töchter der meisten Aufgeführten	2 427 000
Kinder unter 10 Jahren	2 750 000
	11 000 000

Das ganze Land war also in seinem Lebensunterhalt und sämtlichen Annehmlichkeiten des Lebens von der Arbeit abhängig, die knapp die Hälfte der Bevölkerung leistete. Heute sind alle von der Arbeit eines Drittels der Bevölkerung abhängig.

Deine Tante
Fay

Vierter Brief

Der Mantel der Muse

Cairns, Januar (es wird heißer)

Liebe Alice,
also, man kann sich auf keinen verlassen. In einem 1813 erschienenen Lexikon finde ich in Band VII unter dem Stichwort ‹Hebammenkunst›, daß die Menstruation beim weiblichen Menschen mit sechzehn Jahren einsetzt; geschieht es früher, so ist das krankhaft und durch Aderlässe zu behandeln – also mit Blutegeln. Die Symptome der Krankheit sind ein fülliges Gesicht, ausgebildete Brüste, häufiges Seufzen und eine üppige Phantasie. Etwa so wie Lydia in *Stolz und Vorurteil.* Allerdings hätten Blutegel Lydia eher Beruhigung gebracht als ein Leben an der Seite des verschlagenen Mr. Wickham. Doch in Band XIV wird unter dem Stichwort ‹Physiologie› das Alter bei der ersten Periode mit 15 Jahren angegeben. Das weicht von den Zahlen ab, die ich Dir in einem früheren Brief nannte. Zwischen sechzehn und achtzehn, schrieb ich unbeirrt; um eine These zu stützen, die ich aufstellen wollte, benutzte ich Zahlen, die ich anderswo gefunden hatte. Erfinden ist viel sicherer als Sachliteratur schreiben. Man kann Dir vorwerfen, daß Du langweilig bist, aber kaum jemals, daß Du etwas *Falsches* schreibst. Ich erwähne meinen Fehler aus Gewissenhaftigkeit und um ganz allgemein warnend daran zu erinnern, daß wir alle (besonders ich) dazu neigen, das im Gedächtnis zu behalten, was uns paßt, und zu vergessen, was wir vergessen wollen. So schaffen wir es, aus gegebenen Fakten das zu schließen, was wir behaupten möchten.

Das Lexikon ist von weisen, intelligenten Leuten vergnüglich geschrieben. Der Artikel über ‹Hebammenkunst› hat freilich etwas Beunruhigendes. Sollte eine Deiner Freundinnen sich zwanghaft für natürliche Geburt interessieren, teile ich ihr gern Einzelheiten mit; aber ich stelle mir vor und hoffe doch sehr, daß die meisten von euch das Leben so erfreulich und reich finden, daß ihr beschlossen habt, überhaupt niemals Babies zu bekommen, und vor den Sterilisationskliniken Schlange steht, wo die Wartezeit zum Glück lang ist. Jedenfalls sind natürliche Geburt, die Leboyer-Methode und andere männliche Verschwörungen gegen die gebärende Frau sicher das letzte, was euch beschäftigt.

Laß mich aber doch einen Abschnitt aus dem Artikel über ‹Hebammenkunst› hier in meinem Lexikon zitieren. Es geht darin um Eklampsie, Krämpfe während der Geburt – noch heute eine der häufigeren Ursachen von Müttersterblichkeit. Hervorgerufen wird die Eklampsie durch Bluthochdruck, und die wichtigste Aufgabe der Schwangerenversorgung besteht darin, den zu entdecken und zu heilen, bevor die Wehen beginnen. Andernfalls bekommt die Mutter Krämpfe, die schlimmer sind als epileptische, und stirbt. Aber die Georgianer hatten da eine andere Ansicht:

> Am häufigsten ereignet es sich in großen Städten und bei jenen Frauen, die das bequemste Leben führen; daher kommt es am ehesten in den ersten, modischsten Kreisen vor. Ein Umstand trägt vor allem dazu bei, und zwar, daß eine Frau schwanger ist, wenn sie es nicht sein sollte. Vielleicht gezwungen, für einige Monate sich einsiedlerisch fern der Gesellschaft zu halten, grübelt und sinnt sie über alles nach, was mit ihrer Lage zu tun hat und ihr Schmerz bereitet: sie weiß, sie wird sich des Kindes, das sie geboren hat, nicht erfreuen können, sondern sich im Gegenteil vielleicht gezwungen sehen, sich für immer von ihm zu trennen. Sie fürchtet, ihre Lage könne bekannt und sie selbst aus der Gesellschaft verstoßen werden. Derart wird sie in Einsamkeit

grübeln, bis schließlich die ersten Wehen genügen, die Krämpfe auszulösen.

Man konnte die Patientin zur Ader lassen, ihr kaltes Wasser über den Kopf gießen, wenn die Krämpfe kamen, die Fruchtblase sprengen oder den Geburtskanal manuell erweitern, um die Entbindung zu beschleunigen, aber mehr konnte man nicht tun. Kam das Baby schnell genug, überlebte die Mutter vielleicht; sonst nicht.

Ich erzähle Dir das alles, damit Du nicht vergißt, dankbar dafür zu sein, daß Du heute lebst. Die Ärzte standen damals oft genug vor der Frage, wen sie retten sollten, die Mutter oder das Kind. Die Kirche sagte, das Kind; die neugeborene Seele mußte überleben, um sich ihre Erlösungschance verdienen zu können; die Mutter, die ältere Seele, konnte man sterben und davonflattern lassen – wenn sie Glück hatte, zum Himmel. Doch zumeist scheinen sich die Ärzte für das Wesen mit der größten Überlebenschance entschieden zu haben und machten entweder einen Kaiserschnitt, was innerhalb von ein, zwei Tagen unweigerlich den Tod der Mutter bedeutete; oder sie zerstückelten das Kind im Mutterleib und holten es so hervor. Sie waren nicht brutal: sie taten lediglich, was sie konnten. Doch es ist nicht erstaunlich, daß die Romanleserinnen jener Zeit so viel Geschmack am Sentimentalen hatten und die wildesten Schauerromane so liebten. Jede Frau kannte aus ihrer Kindheit die geschlossene Schlafzimmertür, das Vorbeieilen von Hebammen und Ärzten, die schwarzen Instrumententaschen – mit dem Hebel oder der neuen, sichereren Zange darin. «Wenn die Zange soviel besser ist als der Hebel, dann fragt es sich», bemerkt mein Lexikon, das anscheinend als einziges Lehrbuch für Chirurgen gedacht war, «warum der Hebel noch immer in Gebrauch ist? Aus keinem andern Grund, als daß er leichter zu benutzen ist. Das Instrument erfordert weniger Geschicklichkeit und wird darum von jenen vorgezogen, denen es daran mangelt.»

Weder Jane noch Cassandra hatten Kinder. Ich behaupte nicht, daß Jane ledig blieb, weil sie keine wollte und die Ehe Kinder mit sich brachte. Ich sage nur, daß sie ein Mensch mit Phantasie war, und genau wie ein Mensch mit Phantasie schwerer Auto fahren lernt (weil er innerlich ständig Todes- und Katastrophenmöglichkeiten vorwegnimmt), dürfte sie sich ihr Leben im voraus ausgemalt und die Schreie, die eiligen Schritte und so weiter kaum herbeigesehnt haben. Wärst Du tapfer genug gewesen, Alice – und warum sollte Jane Austen tapferer gewesen sein als Du?

Erst seit kurzem wird es akzeptiert, daß eine Frau sich zu ihrer höchst vernünftigen Furcht vor der Entbindung bekennt. Sie hatte gefälligst still zu sein und es durchzustehen – auf keinen Fall aber Geburten durch empfängnisverhütende Mittel, Enthaltsamkeit oder Heiratsverweigerung zu vermeiden. Königin Victoria, Mutter von neun Kindern, verstieß skandalös gegen den guten Ton, indem sie öffentlich über die Schmerzen murrte und Entbindungen als die «Schattenseite der Ehe» bezeichnete. Und als Narkosemittel aufkamen, nahm sie bei den Geburten ihres achten und neunten Kindes Chloroform – nur ein bißchen, aus einem damit getränkten Taschentuch. Die Nation fand das recht enttäuschend; «unter Schmerzen sollst Du Kinder gebären», bekam Victoria oft zu hören, doch zum Glück für uns alle ließ sie sich nicht einschüchtern, und die Sitte verbreitete sich. Auch heute noch wird eine Frau, die es ablehnt, Kinder zu bekommen, mit einer gewissen, wenngleich abnehmenden Neugier betrachtet: ihre Motive können kaum so stark, ihre Befürchtungen so grundlegend sein wie diejenigen, mit denen sich Frauen früherer Generationen auseinandersetzen mußten. Nämlich mit der Erwartung von Schmerzen und der Todesangst.

Doch solche Frauen standen für Jane Austen noch in einiger Ferne. Man schrieb das Jahr 1790. Sie war noch nicht ‹in die Gesellschaft eingeführt›, das heißt, noch nicht auf den Heiratsmarkt geworfen worden; herausgeputzt auf Bällen und Festen passenden jungen Männern vorgeführt worden, in der Hoffnung, sie werde sich einen ‹schnappen›. Ich bin nicht gegen solche Methoden, die Herzen und Leben junger Frauen in Geleise zu lenken; es ist sicher besser, daß sie sich in einen passenden Mann verlieben als in jemanden, den die ältere Generation sofort als neurotischen Tyrannen und potentiellen Alkoholiker erkennt, zum Beispiel. Ich weiß, solche Bemerkungen werden Dich fürchterlich ärgern, aber arrangierte Ehen sind heute in weiten Bereichen der Welt das Normale, und die Ergebnisse der modernen westlichen Verehelichungsgebräuche sind nicht gerade berauschend. Aber ich höre Dich schon sagen: «Die Ehe ist sowieso eine veraltete Einrichtung, worüber redet sie überhaupt . . .» Lassen wir das also.

Mit fünfzehn Jahren jedenfalls schien Jane Austen durchaus glücklich zu sein. Sie schrieb *The History of England* und widmete das Werk ihrer Schwester Cassandra mit den folgenden Worten:

> . . . von einer parteiischen, vorurteilsbehafteten und unwissenden Historikerin.
>
> Mit allem gebührenden Respekt ist dieses Werk Miss Austen, der ältesten Tochter von Hochwürden George Austen, zugeeignet von
>
> Der Autorin
>
> N. B. Es finden sich sehr wenige Jahreszahlen in dieser Geschichte.

Auf fünfzehn Seiten faßte die junge Jane Austen dreihundert Jahre englischer Vergangenheit satirisch zusammen. Sie erwies sich als sehr gescheit, komisch und ungeduldig.

Die Ereignisse während der Regierungszeit dieses Monarchen (Charles I.) sind zu zahlreich für meine Feder, und überhaupt ist das Nachbeten irgendwelcher Ereignisse (mit der Ausnahme von mir erfundener) für mich uninteressant.

Da siehst Du! Die geborene Erzählerin. Sie erhebt die Erfindung über die Beschreibung; was sie selbst komponiert über das, was die reale Welt zu bieten hat. Sie läßt sich auf Geschichtsschreibung ein, solange sie die Jahreszahlen nicht korrekt wiedergeben muß und parteiisch sein darf, und sie macht sich über Leute lustig, die das Ganze ernst nehmen:

War es doch mein vornehmlicher Grund zum Verfassen der Geschichte von England, die Unschuld der Königin von Schottland nachzuweisen, was bewerkstelligt zu haben ich mir einbilde, und Elizabeth in den Schmutz zu ziehen, wenngleich ich fürchte, diesen letzteren Teil meines Plans nicht gänzlich erreicht zu haben ...

Und sie schrieb die Geschichte auch, damit Cassandra, nun achtzehn, sich daran beteiligen, Illustrationen beisteuern konnte. Sie malte die Könige und Königinnen mit sichtlichem Vergnügen, allerdings so, daß man darin heute das Werk einer weit Jüngeren vermuten würde. Geschichte wurde damals natürlich als die Geschichte der Herrscher betrachtet; die Vorstellung, daß dazu auch die Entwicklung der Gesellschaft gehört, ist relativ neu. Ich bezweifle, daß Du die Regierungsdaten der Könige von England herunterleiern könntest, Alice. Ich kann es noch.

Im selben Jahr schrieb Jane Austen einen unvollendeten Roman, *Lesley Castle*. Auch dies war ein Briefroman, aber mit einer größeren Zahl von Briefeschreibern. Sie widmete ihn ihrem Bruder Henry:

Für Henry Thomas Austen, Esq.
Mein Herr,
ich mache hiermit Gebrauch von der mir von Ihnen des öfteren angetragenen Ehre, Ihnen einen meiner Romane widmen zu

dürfen. Daß er unvollendet ist, schmerzt mich, doch steht zu befürchten, daß er es immer bleiben wird. Daß er, so weit ausgeführt, unbedeutend und Ihrer unwürdig erscheinen muß, gibt zu Kummer weiteren Anlaß Ihrer dankbar ergebenen

Dienerin – Der Autorin

An die Herren Demand & Co. – Bitte zahlen Sie Jane Austen, Jungfer, die Summe von einhundert Guineen auf Anweisung Ihres ergebenen Dieners

£ 105 H. T. Austen

Da! Schon ist sie sich bewußt, daß Schreiben Geld wert ist, Bezahlung verdient, daß für einen Arbeit ist, was andern Vergnügen bringt, und daß ein finanzieller Ausgleich dafür geschaffen werden muß. Und *Lesley Castle* wurde zunehmend harte Arbeit, denn sie versank immer tiefer in der Grube, die sie sich selbst gegraben hatte: zu viele Personen, zu viele Ereignisse am Rande und kein erkennbares Ziel, kein zentraler Antrieb. Darum hörte sie einfach auf, daran weiterzuschreiben – es langweilte sie.

Ich kann solche kühlen Schlußfolgerungen nicht ausstehen, diese schnellen Urteile, mit denen wir aus dem Blickwinkel der Gegenwart die Vergangenheit erfassen. Ich hasse das bei Biographen und ertappe mich doch selbst dabei. Stell mich auf eine Kanzel, und über kurz oder lang würde auch ich sagen: ‹Gott will, daß wir dies, das und jenes tun, weil Gott uns so und so haben will . . .› Als ob ich das wüßte; als ob ich einen besonderen Draht zu ihm hätte.

Ich warne Dich, Alice. Daß Jane Austen Henry scherzhaft hundert Guineen für *Lesley Castle* in Rechnung stellt, kann ebensogut auf ein Tischgeplänkel vom Abend zuvor zurückzuführen sein wie auf die Motive, die ich ihr unterstelle. Sie kann auch aufgehört haben, an *Lesley Castle* weiterzuschreiben, weil ihr das Papier ausging oder weil sie sich am Sonntag zuvor den Daumen in der Kirchentür von Steventon eingeklemmt hatte.

Oder weil sie ihrer Familie eines Abends aus dem Manuskript vorlas und alle anfingen, zu gähnen und sich nach den Spielkarten umzuschauen. Man kann es einfach nicht wissen – und ich nehme es zurück.

Aber *Lesley Castle* fängt so großartig an! Stückchen für Stückchen wird deutlich, wie entsetzlich dieses schottische Schloß ist und wie exzentrisch seine Bewohner sind – die zwei Lesley-Schwestern, beide sehr groß, erhalten eine sehr kleine Stiefmutter. Charlotte Cuttrell, an die alle in ihrer Leidenschaft und Verzweiflung schreiben, ist ein wenig mitfühlendes Publikum und denkt, wie aus ihren Antwortbriefen hervorgeht, an nichts als an Essen, dessen Zubereitung und Verzehr. Doch als die Autorin beim neunten Brief (dem vorletzten) angelangt ist, gehen ihr die Einfälle aus, wie die Nachschrift zeigt:

> Ich fürchte, dieser Brief ist nur ein schlechtes Beispiel für meine Kräfte auf dem Gebiet des Witzes; und es wird Ihre Meinung darüber nicht entscheidend verbessern, wenn ich Ihnen versichere, daß ich so unterhaltsam war, wie ich es nur vermochte.

‹Na ja, Jane›, könnte Henry bemerkt haben. Die Familie saß vielleicht abends am Kamin, die Dienstboten schoben oben die Wärmepfannen in die Betten; man hatte höflich Cassandras Zeichnungen bewundert und ein wenig über die Ereignisse in Frankreich geredet – es war das Jahr, in dem die Republik erklärt und das Revolutionstribunal eingerichtet wurde – sowie darüber, ob Cousine Eliza, die einen französischen Adligen und obendrein einen katholischen geheiratet hatte, wohl bald der Strafe für ihre Eigenwilligkeit entgegensehen würde; dann wurde vielleicht besprochen, ob man Mary Wollstonecrafts Schrift *Verteidigung der Rechte von Frauen* bestellen sollte. Und als dann Jane schließlich ihre letzte Fortsetzung von *Lesley Castle* vorgelesen hatte, sagte Henry: ‹Na ja, Jane, es stimmt schon, das ist ein schlechtes Beispiel für deine Kräfte auf dem Gebiet des

Witzes. Ich schlage vor, du läßt es.› Henry war damals neunzehn, Student in Oxford und der Witzbold in der Familie. Nüchterner geworden, schrieb er rund zwanzig Jahre später, nach Janes Tod, ein Vorwort zu *Die Abtei von Northanger* und *Überredungskunst*, einen übel kriecherischen Text: «Weder die Hoffnung auf Ruhm noch auf Profit gehörte zu ihren frühen Motiven», schreibt er. Aber Henry, deine Schwester hat dir doch einmal zum Spaß eine Rechnung über hundert Guineen für einen unvollendeten Roman ausgeschrieben – hast du das wirklich vergessen? Und hast du nicht damals, wenn auch nur im Scherz, die Augenbrauen hochgezogen und alles getan, um deine gescheite kleine Schwester aus der Fassung zu bringen?

Die übrigens keineswegs alle leiden konnten. Als Jane zwölf war, schrieb Philadelphia Walter, eine Verwandte der Austens, so über sie:

> Gestern machte ich die Bekanntschaft meiner beiden Cousinen Austen. Mein Onkel, meine Tante, Cassandra und Jane waren am Vortag bei Mr. F. Austen eingetroffen. Wir speisten dort mit ihnen zusammen. Die jüngste (Jane) gleicht sehr ihrem Bruder Henry, überhaupt nicht hübsch und sehr affektiert, gar nicht wie ein Mädchen von zwölf, aber dies ist ein vorschnelles Urteil, für das Du mich schelten wirst. Meine Tante hat mehrere Vorderzähne verloren, was sie sehr alt aussehen läßt – [niemand wußte damals etwas von Kalzium; nach der Überlieferung büßte man mit jedem Kind einen Zahn ein, und darauf lief es wohl auch hinaus. Demnach hätten Mrs. Austen acht fehlen müssen] –, mein Onkel ist ganz weißhaarig, sieht aber ausgezeichnet aus. Alle waren bester Stimmung und geneigt, aneinander Gefallen zu finden . . . Gestern verbrachten sie alle den Tag bei uns, und je mehr ich von Cassandra sehe, desto größer wird meine Bewunderung – Jane ist launisch und geziert.

Arme Philadelphia – hätte sie gewußt, welcher genauen Prüfung dieser Brief einmal unterzogen werden würde, welche Abneigung ihr die Kühnheit, Jane zu kritisieren, einmal eintragen sollte, sie hätte sich wohl vorsichtiger ausgedrückt. Aber Mädchen sehen eben oft mit zwölf besonders reizlos aus und sind sehr befangen, und in ihrem Bemühen, der Cousine durch Tugendhaftigkeit und Phantasie zu imponieren, mag Jane selbstgerecht und launisch gewirkt haben (d. h. zu störender Irrationalität neigend).

Aber mir gefallen all diese Spekulationen nicht. Sie sind in gewisser Weise parasitär: da zieht die Gegenwart Nahrung aus der Vergangenheit, die Lebenden beuten die Toten aus, als ob es heute nicht genügend Gefühle und Ereignisse gäbe, um unsere Lust am Analysieren und Erklären zu befriedigen. Jane Austen machte auf Philadelphia Walter einen schlechten Eindruck, punktum.

Vielleicht (schon wieder) hat sie auch bei den jungen Männern, denen sie begegnete, einen ungünstigen Eindruck hinterlassen. Ich habe den Verdacht, daß sie zu gescheit, zu belesen, zu spöttisch war. Im Ausland gibt es heute eine Schicht junger Männer, die von dem fasziniert sind, was wir ‹starke Frauen› nennen: von Frauen, die arbeiten, denken, Geld verdienen, in ihren Gewohnheiten unabhängig sind und so wenig einen Mord begehen wie einem Mann eine Tasse Kaffee machen würden (es sei denn, er wäre krank); Frauen, für die das persönliche Leben ein politisches ist und denen von allen Gefühlen Bewunderung die größten Schwierigkeiten macht; Frauen, die Männer im besten Falle als gefährlich betrachten, im schlimmsten als verachtenswürdig.

Genug davon. Ich will packen. Die Temperatur hier ist 32° C. In England dürften etwa 8° C herrschen. Es kommt mir wenig sinnvoll vor zu packen, denn das bißchen, was ich hier habe, wird dort noch unnützer sein. Das Manuskript ist an den Verleger abgegangen. Ich habe es in Cairns fotokopieren lassen und es vom Postamt dort abgeschickt. Die Australier nehmen die Post nicht so ernst wie wir. Ich hatte Schwierigkeiten, sie dazu zu überreden, genügend Briefmarken auf das Päckchen zu kleben, um sein Eintreffen in Sydney sicherzustellen, geschweige denn in England. Sie fühlen sich glücklich in ihrer Isolation, in der heißen Sonne. Aber es gab *Emma* dort im Bücherregal, eine umstürzlerische Lektüre mit seinen Lektionen in moralischer Verfeinerung.

Ich habe lange gebraucht, um Jane Austen durch ihre Kindheit und Teenagerzeit zu bekommen. ‹Die über Jane Austen bekannten Fakten passen in eine Nußschale›, stand in meinem Schulbuch zur Literaturgeschichte, und ich weiß noch, daß ich mich damals gefragt habe, warum man Fakten in Nußschalen stopfen zu sollen meint. Hast Du eine Ahnung? Viel ist nicht bekannt, das stimmt: wir besitzen jene Briefe von ihr, die ihre Schwester Cassandra nach ihrem Tod den Blicken der Welt preisgeben zu können glaubte; ein paar Berichte von Freunden und Verwandten und natürlich die Texte ihrer Bücher, aus denen man, wie die Zeugen Jehovas aus der Bibel, so ziemlich alles herauslesen kann, was man will.

In ein paar Sätzen, wenn auch nicht in einer Nußschale, kann ich ihr weiteres Leben für Dich zusammenfassen und in späteren Briefen darauf zurückkommen. Ich glaube, ich werde doch nicht packen, sondern einfach im Schatten neben dem Swimmingpool liegenbleiben. (Der Busfahrer wird diesen Brief für mich einwerfen. Etwas an diesem Ort erinnert mich an das georgianische England. Nicht nur der erschreckende Umstand, daß sie Kriminelle – Leute, die sie als kriminell definieren, also zumeist Aborigines – zu Gefängnisstrafen mit Zwangsarbeit verurteilen, sondern auch etwas Positives, daß hier nämlich menschliche Bedürfnisse mit unkomplizierter, natürlicher Hilfsbereitschaft erkannt und erfüllt werden; aus dem Gefühl heraus, daß alle zusammen auf die beste aller möglichen Welten hinarbeiten.)

Jane Austen hat nicht geheiratet. Sie hatte keine Kinder, auch

Cassandra nicht. Jane Austen lebte in Steventon, bis sie fünfundzwanzig war und ihr Vater in Pension ging. Dann zog die Familie nach Bath, und unmittelbar danach starb der Vater. Ihre Mutter, Cassandra und sie blieben unversorgt zurück, waren auf die Gefälligkeit von Verwandten angewiesen und wohnten erst zwei Jahre in Southampton, dann in dem Dorf Chawton; in einem Haus, das einmal ein Gasthof gewesen war und das im Schatten des Herrenhauses stand (nun ja, beinahe – es liegt einen halben Kilometer entfernt), in dem ihr Bruder Edward in großem Stil residierte. In diesem Haus schrieb sie *Emma, Mansfield Park* und *Überredungskunst.* Du kannst das Haus noch besichtigen und Dir den kleinen runden Tisch ansehen, an dem sie arbeitete. Ich bin einmal hingefahren, und es kam mir so vor, als sei ihr Geist noch anwesend; jedenfalls der Teil von ihr, der die Schriftstellerin ausmachte. Du darfst das als albern abtun, wenn Du magst.

1817 starb sie an der, wie man heute sagt, Addisonschen Krankheit. Damals bezeichnete man das Leiden als eine schleichende Krankheit. Sie war einundvierzig.

Sie wurde am 16. Dezember (dem Geburtstag meines dritten Sohnes) geboren, ein Schütze. Sie starb am 18. Juli (dem Tag der Geburt meines zweiten Sohnes). Ihre Bücher leben fort, wie es vulgär, aber richtig heißt. Wenn Schriftsteller gut und solide bauen und im Dienste der Wahrheit, welche der Gott ist, den sie dort in der Stadt der Erfindung verehren, dann überleben ihre Häuser sie lange: wie ja auch ein gutes Haus in dieser Welt noch steht, wenn seine einstigen Bewohner längst verschimmelt sind. Es kommt mir immer seltsam vor, wie verschiedene Familien im selben Haus Schichtdienst tun; als ob das Haus sie in Besitz nähme, aussauge, ausspucke und von vorne begänne und keienswegs die Familie das Haus beherrsche.

Ich schweife ab. Bis zum nächsten Brief, Alice.

Deine Tante Fay

Fünfter Brief

Mitleid mit dem armen Schriftsteller

The Lakeside Hotel, Canberra, Januar

Liebe Alice,
ich habe North Queensland verlassen und bin hinunter nach Canberra gereist, bevor ich nach Hause zurückkehre. Ich weiß, das vergrößert den auch so schon ungeheuerlichen Abstand um ein paar weitere tausend Kilometer. Die Welt, die dem Telefonbenutzer so klein vorkommt (Du wählst eine fünfzehnstellige Zahl und bist in ein paar Sekunden überall), ist in Wirklichkeit grauenerregend groß für den Menschen, der sich physisch von einer Gegend in die andere bewegen muß. Aber ich merke, ich brauche noch Zeit, bevor ich mich von der südlichen Halbkugel auf die nördliche zurückschleudern lasse. Darum nun Canberra. Ich schaffe mir die gleichen Ablenkungen – Besuche bei Freunden, Gespräche mit Verlegern, Fernsehproduzenten und so weiter – wie immer, bevor ich mich auf einen neuen Roman oder ein neues Theaterstück einlasse. Manche Schriftsteller bezeichnen diesen Verzögerungsprozeß als Vorarbeiten und lassen sich dafür Vorschüsse von Verlegern und Stipendien von Stiftungen geben, aber ich (möchte gern glauben, daß ich) weiß, was es ist: eine unangenehme Mischung aus Angst, Leere und lähmender Ehrfurcht vor der Muse, die den Autor für unerträglich lange Zeit davon abhält, etwas zu Papier zu bringen; bis irgend etwas passiert – eine Wetterveränderung, ein Wandel im Muster der Träume –, das es möglich macht, neu zu beginnen.

North Queensland lebt von seiner Pfiffigkeit und seiner

Sportlichkeit. Es schenkt Schriftstellern, vor allem weiblichen, keinen Glauben. Was nützt schon die Phantasie, wenn ein Krokodil näher kommt oder die Heuschrecken über das Zuckerrohr herfallen? Da braucht man einen Flammenwerfer und einen Hubschrauber, keinen Roman. Hier unten in Canberra ist das ganz anders. Es ist eine erstaunlich raffinierte, schöne Stadt. Hier war einmal nichts als öde Ebene, eine Kuhle in der staubigen Wüste. Nun wird die Stadt von baumgesäumten Avenuen – sie haben über die Jahre Hunderttausende von Bäumen aus Europa importiert – in hübsche Vororte mit jeweils eigenem Charakter unterteilt. Der Preis ihrer Häuser bestimmt den sozialen Status der Bewohner, und wenn man umzieht, wechselt man notgedrungen seine Freunde. Die Wohngegenden sind getüpfelt mit Swimmingpools und künstlich angelegten Teichen. Die Stadt ist das Ergebnis des letztmöglichen Kompromisses: sie existiert nur, weil sich Sydney und Melbourne nicht darüber einig werden konnten, wo die australische Regierung ihren Sitz haben sollte, und darum erfand man diesen Ort, der irgendwo dazwischen liegt – aber ein Stück näher an Sydney. Es gibt hier ansehnliche neue Gebäude; einen Obersten Gerichtshof, dessen Gerichtssäle wie Theater sind, in denen Richter und Kriminelle dem Publikum etwas vorspielen; die hübscheste, grünste Universität der Welt, die ANU, mit einer geradezu selbstmörderisch konspirativen Atmosphäre; und es gibt hier *Leser*.

Gestern abend habe ich mit ihnen gesprochen. Ich habe vor ihnen gelesen. Aus *Federkrone*. Vielmehr habe ich den ganzen Roman gelesen, indem ich die schwieriger zusammenzufassenden Passagen wegließ. Ein eingekochter Roman, eine *Reader's Digest*-Fassung. Früher einmal war ich zu verschüchtert, in der Öffentlichkeit den Mund aufzumachen – mir pochte das Herz, und meine Stimme klang wie Mäusequieken; aber jetzt macht es mir Spaß, vor Hunderten die Rede zu schwingen.

Nur Übung, nichts anderes als Übung hat diese Veränderung bewirkt – und daß ich es gelernt habe, meine Furcht zu verachten und auszuhalten. Das erzähle ich Dir nur für den Fall, Alice, daß Du selbst unter dieser panischen Angst vor dem öffentlichen Reden leidest, die so viele Frauen in Augenblicken stumm macht, in denen sie besser sehr laut würden. Und wenn Du in einer Ausschußsitzung oder einer Konferenz oder einer Protestveranstaltung sitzt, ergreife als erste das Wort. Es kommt nicht darauf an, was Du sagst, das lernst Du schnell genug; sprich einfach. Verlange, daß die Fenster geöffnet oder geschlossen werden, daß Raucher den Saal verlassen oder die Rauchverbot-Schilder entfernt werden – irgend etwas. Das zweite, was Du danach sagst, wird etwas Vernünftiges sein; Deine Stimme wird sich in der richtigen Tonlage befinden, und man wird Dir zuhören. Und mit der Zeit wirst Du Dein gefesseltes Publikum sogar genießen können.

Hier in Canberra, an diesem erfundenen Ort, diesem praktischen, physisch gegenwärtigen, geschäftigen, ruhelosen Denkmal der Erfindung, lieben die Menschen Bücher, und sie lieben Schriftsteller. In Melbourne ist das Publikum mittleren Alters und ernsthaft; in Sydney mittleren Alters und zynisch: hier in Canberra ist es jung, erregbar, beeindruckbar und lachfreudig. Hier wollen die Leute etwas erfahren: sie stellen Fragen. Sie nähren Dich, den Autor, mit ihren Fragen, und Du sättigst sie mit Antworten; ob mit richtigen oder falschen, darauf kommt es kaum an. Es ist immer herrlich zu entdecken, daß es noch eine Sicht von der Welt gibt, nicht bloß die Welt; ein Muster der Erfahrung, nicht bloß Erfahrungen; und ob Du die angebotene Weltsicht teilst oder das Muster Dir gefällt, tut nichts zur Sache. Sichtweisen sind möglich, Muster sind erkennbar – das zu merken, ist spannend und erheiternd und bereichernd. Du mußt nicht mit der Person auf dem Podium übereinstimmen, aber Du entdeckst, daß Du genausowenig mit Deinen Freunden und Nachbarn übereinzustimmen brauchst: darauf kommt es an. Du kannst über alles Deine eigene Ansicht haben – und das ist wahrhaft Freiheit, besonders an einem Ort wie Canberra. Und darum ist, glaube ich immer mehr, jedes Seminar über Frauen und Literatur oder die Lage der Schriftstellerin oder die neue weibliche Kultur sofort ausgebucht – von Frauen und von Männern; und darum sind Lesungen von Autoren, vor allem aber von Autorinnen, so populär. Endlich, so scheint es, gibt es eine Verbindung zwischen Leben und Kunst, die Summe der Teile ergibt doch mehr als das Ganze: das haben wir schon immer gedacht! Und siehe da, wir entdecken, daß wir mit unseren kuriosen Überzeugungen nicht allein sind. Unser Nachbar, von dem wir das nie angenommen hätten, lacht an den gleichen Stellen wie wir.

Das legt natürlich eine Last auf die Schultern des Autors, von dem erwartet wird, daß er bei diesem Denk-Fühl-Theater Regie führt. Er soll den großen Leidenden darstellen und den Dolmetscher für das Unendliche und die Magd der Muse; und dabei hat er, als er die Feder aufs Papier senkte, sich vielleicht überhaupt nicht klargemacht, wohin das alles führen würde. Aber wir erhalten eine gewisse weltliche Entschädigung dafür in Form von Honoraren und Tantiemen.

Jane Austen und ihre Zeitgenossen taten natürlich nichts dergleichen. Sie sparten sich ihre öffentliche und private Energie für das Schreiben auf. Sie wurden von ihren Verlegern nicht auf Lesereise geschickt, um den Absatz von Büchern zu fördern, und sie fühlten sich auch nicht verpflichtet, ihre Person auf öffentlichen Podien zur Schau zu stellen und so in Fleisch und Blut ihr Recht auf das Erfinden von Geschichten zu verteidigen, die andere Leute lesen sollen. Stell Dir vor, Jane Austen hielte im Bürgersaal von Alton einen Vortrag über das Thema «Warum ich *Emma* geschrieben habe»! Aber Du siehst, die Zeiten haben sich geändert, und die Schriftsteller mußten sich mit ihnen ändern. Wenn der moderne Leser einen «guten» Roman in die Hand nimmt, dann tut er mehr, als nur zu blättern, zu lesen und zu genießen. Er kommt seinen Lehrern und dem Steuerzahler entgegen, der heutzutage in jedem Land der Erde die Kultur in so großem Maße subventioniert; er verschafft all denen Sinn und Existenzberechtigung (von Gehältern ganz zu schweigen), die in Kultusministerien und Kulturämtern und Büchereien und Literaturstiftungen arbeiten, in der Erwachsenenbildung und im Verlagswesen, in Druckereien und Vertriebsfirmen. Nichts ist mehr einfach, weißt Du; nichts ist rein; und je stärker der Druck zu lesen ist, der auf den Leser ausgeübt wird, desto schwerer wird die Last des Autors. Wenn Dein Schreiben irgendeinen Anspruch auf literarischen Wert erhebt, dann *mußt* Du öffentlich erscheinen, Du kannst Dich nicht unter einer Tarnkappe verstecken; Du mußt Rede und Antwort stehen, auch wenn Du lieber strickend zu Hause bleiben oder ängstlich einen Zeh in die gefährlichen Korallenmeere des kulturlosen Nordens tauchen würdest. Das geht einfach nicht. Du mußt nach Canberra fahren; Du möchtest nach Canberra fahren. Aus irgend einem Grund steht das als Deine Pflicht fest. Du kannst von Glück sagen, wenn Du die Reisekosten bezahlt bekommst.

All das wirst Du selbst herausfinden, wenn Du Deinen Roman fertig hast und er Beifall findet. Natürlich kommt es sehr selten vor, daß Schriftsteller in frühen Jahren Beifall finden, aber Du wirst mir Keats und Shelley vorhalten, und ich werde Dir darauf, wie Du es geahnt hast, antworten: «Mit Dichtern ist es etwas anderes, von Dichtern wird erwartet, daß sie ein Bild von ihrer Reaktion auf die Welt haben, und das kann man schon in früher Jugend besitzen. Von Romanautoren wird erwartet, daß sie ein Bild von der Welt selbst haben.» Und Du wirst sagen:

«Stimmt doch gar nicht, wieso denn?» Und keine von uns wird der andern glauben, also lasse ich dieses Thema fallen. Ich will nur sagen, das Leben des Schriftstellers ist kein Zuckerschlecken, auch wenn es besser ist als das einer Kellnerin. (Ich war das auch mal.) Und sage bitte nicht, Du willst Schriftstellerin werden; wenn Du *schreiben* willst, ist das etwas ganz anderes, und nichts wird Dich davon abhalten, weder Zeitmangel noch das Vorhandensein von Mann, Haus oder Kindern; all das wird nur Deine Entschiedenheit schärfen, nicht Dich abschrecken. Und es ist sinnlos, nach Dingen Ausschau zu halten, die Du mitteilen kannst; wenn Du nichts zu sagen hast, dann halt den Mund, wie meine Mutter, Deine Großmutter, zu uns Mädchen zu bemerken pflegte. «Verhaltet euch still», lautete ihr Ausdruck, denn sie war Dame bis in die Knochen. Vielleicht hat sie unser Vater, Dein Großvater, darum verlassen. Mit ein paar deutlichen Worten hätte sie ihm womöglich seinen Hang zu Trunk und Unzucht austreiben können. Menschen – und damit meine ich Männer und Frauen, wie ich in meinen Briefen an Dich überhaupt oft die männliche Form für Männer *und* Frauen verwende –, Menschen sind wie Kinder; sie neigen dazu, das Ausbleiben von Tadel als Mangel an Interesse zu deuten, als Gleichgültigkeit.

Ich frage mich wirklich, was Jane Austen glauben machte, ihre Romane ließen sich veröffentlichen, könnten von einer weiteren Leserschaft als ihrer engsten Familie akzeptiert werden. Sie schrieb ihre frühen Bücher ursprünglich zum Vorlesen. Ihre winzige, feine Handschrift, mit der sie das Blatt beidseitig überzog – Papier war teuer, und man war es gewohnt, jeden freien Fleck zum Schreiben zu nutzen –, verführte wahrlich nicht zum Lesen. Die Atmosphäre der Bücher, die Feinheiten von Sprache, Formulierung, Dialogen – alles war für die Aufnahme durch das Ohr, nicht das Auge gedacht. Natürlich eignen sich die Romane von Jane Austen unter anderem deswegen so wunderbar für

Radiolesungen. Das ist die ihnen angemessene Form. Und wenn Du in Deinem Frühwerk einmal einen Schreibstil entwickelt hast, dann setzt er sich wahrscheinlich in Deinen späteren Arbeiten fort. *Überredungskunst* ist zweifellos im Hinblick auf eine Druckveröffentlichung geschrieben, also für die Aufnahme durch das Auge; aber die frühe Vorstellung von einem familiären Publikum, das sich um den Kamin im Pfarrhaus versammelt hat oder in der Spätnachmittagssonne sitzt, lauschend, lächelnd, mit sichtlichem Vergnügen reagierend –, diese Vorstellung ließ sich gewiß nicht leicht vergessen.

Und dies – die innere Gegenwärtigkeit eines realen Publikums – ist auch ein Grund für die eigentümlich dramatische Szenengestaltung, die Jane Austen so liebt. Sie versteht es, eine Szene, eine Episode, ein Kapitel abzuschließen, bevor sie das nächste beginnt; sie weiß, wann sie ihrem Publikum eine Pause gönnen sollte, wann und wie sie einer Behauptung Nachdruck verleihen kann, wann sie handlungsarme Passagen bieten muß, damit sich das Vorhergegangene setzen kann, denn es wird wieder gebraucht werden, es prägt das Folgende.

Das ist eine sehr moderne Technik. Man muß dazu, modern gesagt, etwas von Publikumswirksamkeit und Publikumsreaktionen verstehen. Ich vermute, daß Jane Austen das durch Vorlesen lernte – indem sie auf die Unruhe, das Seufzen und Husten ihrer Zuhörer achtete. Heute lernen es viele Schriftsteller, indem sie ihre Zähne durch das Schreiben von Drehbüchern oder Hörspielen schärfen, bevor sie sich an Romanen versuchen. Zwar gibt es Autoren, die andere literarische Formen meiden, die stolz darauf sind, daß sie nur Romane schreiben, und leugnen, daß sie einen Sinn für das Publikum hätten: ‹Ich denke überhaupt nicht an den Leser. Ich denke nur an mich.› Aber damit meinen sie gewöhnlich: ‹Ich bin mein eigener Leser; ich bin Autor und Leser zugleich. Das eine muß ich sein, um meine andere Seite zu befriedigen.› Denn ohne diesen Sinn kann es für den Autor nicht das Vergnügen geben, durch das geschriebene und gesprochene Wort den Leser zu manipulieren; und auch nicht den leicht masochistischen Genuß, den es dem Leser bereitet, so manipuliert und beherrscht zu werden, daß er tatsächlich Gefühle und Gedanken erlebt, die er sonst nicht gehabt hätte; daß er Ansichten in sich entdeckt, von denen er nichts wußte. Bücher sind wahrlich wunderbare Gegenstände, Alice – allein in einem Zimmer zu sitzen und zu lachen und zu weinen, weil Du liest, und dennoch sicher zu sein, sobald Du das Buch zuklappst; und wenn Du es ausgelesen hast, zu entdecken, daß Du ein anderer geworden bist und doch noch derselbe! Die Stadt der Erfindung nach Belieben aufsuchen, nach Belieben verlassen zu können – darauf läuft im Grunde Bildung heraus, oder sollte es.

Aber das reicht erst einmal. Vielleicht fällt Dir auf, daß ich wie so viele meiner Generation auf der einen Seite der großen kulturellen Trennungslinie Künste/Naturwissenschaften aufgewachsen bin und dazu neige zu glauben, daß naturwissenschaftliche Fakultäten nicht existieren.

Die gegenseitige Abhängigkeit von Leser und Autor hat noch eine andere, eine sehr langweilige Seite. Die erleben Schriftsteller, die eine Lösung für die komplizierten moralischen Probleme des Lebens anbieten oder anzubieten scheinen – die mehr bieten als Handlung und Gestalten. ‹Hier gibt es irgendein Geheimnis›, denkt der Leser. ‹Wollen wir mal herausfinden, welches.› Sie schicken dann Fragebogen. Einer kam heute morgen an, aus England nachgesandt. Er stammt von einer Studentin, die eine Doktorarbeit über feministische Literatur schreibt, und lautet folgendermaßen:

1. Waren Ihre liebsten oder prägenden Schriftsteller in der Jugend Frauen?

2. Welche von diesen haben Ihrer Meinung nach Ihre Entwicklung als Schriftstellerin nachhaltig beeinflußt?
3. Wer war(en) die erste(n) Autorin(nen), die Ihrer Meinung nach eine spezifisch weibliche Sichtweise hatte(n)?
4. Wären Sie heute noch dieser Meinung?
5. Wen halten Sie für die wichtigsten Gestalten der feministischen Literatur?
6. Interessiert Sie als Autorin das Schreiben von Frauen aus anderen Kulturen?
7. Meinen Sie, daß es männliche Autoren gibt, die aus einer mit dem Feminismus sympathisierenden Sicht schreiben?
8. Meinen Sie, daß ein männlicher Autor überzeugend über die Erfahrung von Frauen schreiben kann, und wenn ja, wen würden Sie als Beispiel nennen?
9. Welcher Bereich weiblicher Erfahrung ist Ihrer Meinung nach bis heute in der Literatur am meisten vernachlässigt worden?
10. Glauben Sie, daß bestimmte weibliche Erfahrungen in der Literatur geradezu unterdrückt worden sind?
11. Finden Sie den Literaturunterricht an Schulen zufriedenstellend?
12. Adrienne Rich nennt unsere Sprache «von Männern gemacht, unzulänglich und verlogen». Halten Sie ein feministisches Vokabular (ein unbeholfener Ausdruck, aber ich finde keinen besseren) für wünschenswert oder notwendig?
13. Warum wissen wir Ihrer Meinung nach so viel mehr über die Rolle der Frau in der Literatur als in der bildenden Kunst?

Ich werde den Fragebogen natürlich schon aus Höflichkeit beantworten, so gut ich kann, aber ich glaube nicht, daß ich damit der Fragerin helfe, die Literatur, Männer, Frauen oder mich zu verstehen. Ich kann nur als Leser antworten, nicht als Autor. Ich müßte ein ganzes Theaterstück oder einen ganzen Roman über das Thema jeder einzelnen Frage schreiben, und das müßte sie dann sehen oder lesen und in sich aufnehmen und verstehen, bevor sie einen einzigen Schritt vorankäme; und dann müßte sie auf dieser Grundlage wieder einen neuen Fragebogen losschicken, und wir würden nie, nie zu einem Ende kommen.

Natürlich nicht! Literatur unterscheidet sich eben vom Journalismus darin – ein Journalist hätte keine Probleme, den Fragebogen zu beantworten –, daß sie versucht, die ungeheuere Komplexheit des Ganzen durch einen Sprung der Phantasie auf etwas Begreifliches zu reduzieren. Wir sind demütige Schafe auf einem unendlichen Feld: sieh da, ein kleiner Graben. Erst springt der Autor hinüber; die Leser folgen ihm nach. Aber es war ja nur so ein kleiner Graben ... Der Journalist weiß davon nichts: er kennt keine Größenmaßstäbe. Er wird die Frage Nr. 1 rasch und informativ beantworten. Zum Beispiel so: ‹In der Jugend waren meine Lieblingsschriftsteller weiblich, aber die prägenden waren männlich. In meiner Kindheit war es umgekehrt, und im erwachsenen Leben habe ich weder Lieblingsautoren noch prägende Autoren.› Oder so ähnlich. Und die Fragerin wird darüber grübeln und mit einigem Glück zu dem Schluß kommen, es sage etwas aus. Während ich noch immer in der dritten Szene des 1. Akts feststecke, in der ich das Wesen der Jugend und die sexuellen Wünsche eines/einer androgynen Englischlehrer(s)in im Detail zu erfassen suche.

Die Absender solcher Anfragen – die meisten sind Frauen, die an der Universität über irgendeinen Aspekt der Literatur und/oder des Feminismus heute arbeiten – scheinen zu glauben, daß sie erst den Autor verstehen müssen, um dann das Buch zu verstehen. Sie erkennen, daß das Werk etwas Unerklärliches an sich hat, und haben den Ehrgeiz, es augenblicklich festzunageln, um es sodann zu erklären. Oder vielleicht sind manche von ihnen auch verblüfft über die Fähigkeit des Autors, etwas zu tun, was sie gern täten, aber nicht können. Nämlich einen Roman zu schreiben, den andere lesen möchten. Sie können Referate, Aktennotizen, Briefe schreiben – warum bloß keine Romane, warum bleiben ihnen die Worte tot und platt auf dem Papier kleben? Da muß es ein Geheimnis geben, meinen sie, das der

Autor kennt und unfairerweise für sich behält. Der Frager muß ihn nur anhaltend und lästig genug bedrängen, dann wird der Autor schon mit seinem Geheimnis herausrücken müssen. Dann kann sich jeder seine Romane selbst schreiben und braucht nie wieder einen Penny für ein Buch auszugeben.

Ich habe einmal in einer Werbeagentur gearbeitet. Wir wurden von rationalen Amerikanern übernommen, denen die riskante, teure Unberechenbarkeit unserer Arbeitsweise unerträglich war, die uns mit Marktforschung festnagelten und den kreativen Prozeß zu berechnen versuchten, damit auf rationale Weise erfolgreiche Werbekampagnen produziert werden konnten: soundso viele positive Adjektive hier, soundso viele Ausrufezeichen dort, ein festliegendes Verhältnis zwischen Text und Bildgröße – aber es klappte nie so recht. Die Erfolgsquote war genauso hoch, wenn wir unserm Instinkt folgten, wie wenn wir uns an Computer und Marktforschung hielten. Das Management zog sich verwirrt zurück, ließ uns auf unsere Weise weitermachen und hier Millionen verlieren, dort Millionen verdienen, immer aus den falschen Gründen. Aus der gleichen Ursache, nämlich dem Bedürfnis, die schöpferischen Leute zu kontrollieren und die Reaktion des Publikums zu berechnen, fallen einst sehr populäre Fernsehserien ab. Die ursprünglich vorhandene Kreativität verrinnt, sie wird von Drehbuchschreibern abgesogen, die rational eine Formel anwenden, die funktionieren soll, aber alles verdorren läßt. Die Zuschauer merken es lange vor den Fernsehredakteuren, die Einschaltquoten fallen, und nur Schriftsteller verstehen, warum. Eine Konstruktion ist vorhanden, Beschreibendes auch, aber keine Erfindung mehr. *Dallas* verliert seinen Reiz. *Das Haus am Eaton Place* läßt einen nur noch gähnen.

Gestern abend in Canberra kamen jedenfalls die Leser und Möchtegernschriftsteller, um mich sprechen zu hören und Fragen zu stellen. Es war ein ungewöhnlich guter Abend. Vortragende und Zuhörer regten einander an; wenn alles gut läuft, sind solche Veranstaltungen unvergleichlich. Für die Zuhörer sind sie ein Mittelding zwischen einem Theaterabend und dem Lesen eines Buchs; und für den Autor ein Mittelding zwischen dem ersteren und dem Schreiben. Eine neue Kunstform:

$$\frac{\text{Publikum}}{\text{Autor}} \times \frac{\text{spricht}}{\text{spielt}} = \text{Erleuchtung}$$

Das Phänomen ist nicht neu. Leser und Zuhörer sind bereits zu Snorri Sturluson gepilgert, einem isländischen Saga-Dichter, Politiker und Historiker des 12. Jahrhunderts. Sie kamen über Schnee und Geröll, mit Pferd und Wagen und mit Rentierschlitten. Die Fragen dürften die gleichen gewesen sein wie heute. ‹Herr Sturluson, halten Sie sich an regelmäßige Arbeitsstunden oder warten Sie auf die Inspiration? Kümmern Sie sich um das, was die Kritiker sagen? Was der König sagt?› (Dem hätte er besser mehr Beachtung geschenkt: er fand ein schlimmes Ende auf Veranlassung des Königs.) ‹Wer hat Sie in Ihrer Jugend beeinflußt?›

Die menschliche Natur bleibt über die Jahrhunderte gleich. Wenn ein Schriftsteller auf fünfhundert Nicht-Schriftsteller kommt, dann sind darunter auch fünf Kritiker, zehn Skeptiker, zwanzig Fragensteller und Gott sei Dank hundert schlichte Leser; das Verhältnis war im zwölften Jahrhundert dasselbe wie heute, nur die absoluten Zahlen haben sich verändert, und die Strafen für das Schreiben Mißfallen erregender Texte und das Denken unbequemer Gedanken sind (im Westen) leichter geworden. Die Literatur neigt im allgemeinen dazu, ein subversives Element in der Gesellschaft zu sein, wenn sie etwas taugt. Elizabeth Bennet, dieses unberechenbare, kapriziöse Mädchen, das auf den Ton der Gefühle hörte statt auf den pulsierenden

Überlebenstrieb, das den feinen Geboten der menschlichen Würde mehr Beachtung schenkte als den gröberen der Konvention – diese Elizabeth Bennet muß eine ganze Reihe von Lesern durcheinandergebracht und in ihrem Denken verändert haben. Und wenn sich ihr Denken änderte, dann auch ihr Leben, und mit ihrem Leben die Gesellschaft, in der sie lebten: sie wurde schneller vorangeschoben auf dem mühseligen Weg, der uns aus der Barbarei in die Zivilisation geführt hat.

Nun sind die Fragen durchaus vernünftig, die gestern die Leser in Canberra gestellt haben und die schon Sturluson und Tolstoi und George Eliot gestellt worden sind – jedem Autor, der auch nur ein einziges Mal öffentlich eine Meinung zum Weltgeschehen und seinem Verhältnis dazu äußert. Es sind auch die Fragen, die ich andern Autoren stelle. Die ich Jane Austen stellen würde, wenn ich ihre Zeitgenossin wäre. Es sind die Fragen, die ihre Biographen an ihrer Stelle zu beantworten versuchen.

Ich glaube allerdings, sie verstehen manchmal etwas nicht ganz. Ich schaue mir den kleinen runden Tisch in Chawton an, an dem sie *Emma, Mansfield Park* und *Überredungskunst* geschrieben hat, und erfahre, daß sie ihre Blätter zudeckte und beiseite legte, wenn jemand ins Zimmer kam. Daraus schließen sie, a) daß sie sich ihrer Arbeit schämte und b) daß es ein Verbrechen gewesen sei, sie so zu stören.

Die meisten Schriftsteller decken lieber ihre Arbeit zu, wenn jemand ins Zimmer kommt. Sie wissen, daß aus dem Zusammenhang gerissene Stellen nicht sehr vorteilhaft wirken. Sie fürchten, daß ihr Text, Zeile für Zeile genommen, schlicht blödsinnig klingt. Sie mögen keine Fragen beantworten. ‹Und wer ist dieser Mr. Knightley da in der dritten Zeile von oben? Wird er Emma heiraten?› (Bestimmt wußte Jane Austen das nach zwei Kapiteln selbst noch nicht, aber so etwas glaubt einem kein Leser/Besucher.) Also deckt man die Blätter zu. Das ist nicht Scham, sondern Umsicht. Und was Störungen angeht: manche Schriftsteller brauchen sie, um zu gedeihen. Wenn das Leben ihnen Muße zum ununterbrochenen Schreiben gewährt, stirbt in ihnen der Drang zu schreiben. Schreiben ist schließlich Teil des Lebens, ein Überfluß davon. Nimm das Leben fort, und Du nimmst das Schreiben fort.

In meinen Augen ist es für einen Schriftsteller ideal, an so einem kleinen runden Tisch auf halbem Weg zwischen Feuer und Fenster arbeiten zu können, mit der Wärme im Rücken und dem Leben jenseits der Scheibe, wenn man einmal von seinen Blättern aufschauen möchte, und gelegentlich einem Klopfen an der Tür, woraufhin man die Arbeit beiseite legt. So jedenfalls richte ich es mir ein, das weiß ich. Und ich mag es nicht, daß man Jane Austen deswegen bemitleidet.

Mitleid habe ich vielmehr mit heutigen männlichen Autoren, die Frauen haben, die ihnen Kaffee bringen und die Telefongespräche mit der Bank abnehmen, so daß diesen Schriftstellern keine Entschuldigung bleibt, warum sie ein Buch nicht anfangen, nicht fertigstellen, keinen Verlag dafür finden. Sie stellen fest, daß sie nichts zu sagen haben. Schriftsteller waren nie dafür vorgesehen, daß sie ausschließlich schreiben. Das Schreiben ist kein Beruf, es ist eine Tätigkeit, seinem Wesen nach eine Beschäftigung für Amateure. Es ist das, was Du tust, wenn Du nicht lebst. Es ist eine Handarbeit, wie das Stricken. Wir sind nicht mit Schreibmaschinentasten statt Fingern geboren; wir sind geboren, um Stöckchen zu nehmen und damit in Lehm zu kratzen und unsere Ockerzeichen an Höhlenwänden zu hinterlassen. Da wir nun heute unsern Lebensunterhalt verdienen müssen, treten wir Schriftstellerverbänden und dem PEN-Club bei und kämpfen um unsere Rechte und Tantiemen – es bleibt uns nichts anderes übrig, aber wir sollten uns deswegen nicht im eigentlichen Wesen unseres Tuns täuschen. Wir brauchen keine Büros und leise Schreibmaschinen und keine Ungestörtheit – wir brauchen einen Tisch zwischen Feuer und Fenster und die gedämpften Geräusche der Welt um uns; wir müssen Teil jener Welt sein, nicht von ihr getrennt werden. Wie die Welt nun einmal ist, fällt das Frauen leichter als Männern; und es ist ein großer Vorteil für Schriftstellerinnen, daß es ihnen nicht erlaubt ist, Ehefrauen zu haben.

Alice, wie steht es mit Deinem Roman? Ich finde den Titel *Der Quell der Einsamkeit* nicht übel, nur glaube ich, den hat schon einmal jemand verwendet. Überprüfe das zusammen mit Deinem Tutor. Du fragst mich, wie man einen ‹guten Roman› schreibt. Nun, ich glaube, daß solche Autoren am meisten und am dauerhaftesten Anklang bei Lesern finden, die ein glückliches Ende auf Grund von moralischer Entwicklung anbieten. Mit ‹glückliches Ende› meine ich nicht gute Ereignisse – eine Hochzeit, eine Rettung vor dem Tode in letzter Minute –, sondern eine spirituelle Verwandlung oder moralische Versöhnung, und sei es im Innern einer Gestalt oder gar im Moment ihres Todes.

«Das hier ist viel, viel besser», sagte Dickens, als er *Eine Geschichte aus zwei Städten* beendet hatte, «als alles, was ich bisher gemacht habe.» Und wie hat sich das verkauft!

Leser brauchen und suchen moralische Anleitung. Ich meine das im besten, unkonventionellsten Sinne. Sie brauchen ein Beispiel, in dessen Licht sie sich selbst überprüfen, selbst verstehen können.

Wenn Du gut bist, versprach Jane Austen, wirst Du glücklich werden. Emma lernt, ihre törichten Impulse zu beherrschen, und heiratet Mr. Knightley. Anna in *Überredungskunst* hält an ihrem Ideal unwandelbarer Liebe fest und bringt es fertig, daß ihr Geliebter zu ihr zurückkehrt. Elizabeth lernt es, zwischen gedankenlosem Vorurteil und unvoreingenommenem Urteil zu unterscheiden, und kann so Mr. Darcy lieben und von ihm geliebt werden. Jane Austen definiert unsere Mängel für uns, analysiert unsere Tugenden und erklärt uns, daß wir nur die einen unter die Kontrolle der anderen bringen müssen, dann werde noch alles gut.

Daß gut zu sein Glück bedeutet, ist nicht eben etwas, was aus unseren Erfahrungen im wirklichen Leben klar hervorginge – und doch, wie sehr wünschen wir uns, es möge wahr sein! Wir brauchen es. Kein Wunder, daß wir immer wieder Jane Austen lesen.

Darum ist die Stadt der Erfindung so wertvoll für uns. In dieser andern Stadt werden die Tugendhaften belohnt und die Bösen bestraft; und sämtliche Ereignisse sind miteinander verknüpft, und wichtiger noch, sie ergeben sich aus Charakter und Handlungen, statt zufällig zu passieren. Ist Dir schon aufgefallen, wie selten in der Stadt der Erfindung Zufälle sind? Hier mißbilligt man Zufälle, sie stören die Besucher. Im wirklichen Leben passieren ständig Zufälle. Nicht hier. Ursache und Wirkung müssen herrschen, sonst ziehen die Leser am Ende noch die Wirklichkeit vor, mit ihrem Chaos und ihren Zufälligkeiten; verlassen sonst die Stadt der Erfindung in Scharen.

Wir haben den Wunsch und das Bedürfnis, gesagt zu bekommen, wie wir leben sollen. Ich möchte Dir eine Stelle aus *Was tun?* zitieren, geschrieben 1862 von Nikolai Cernyševskij, einem Buch, das seit hundert Jahren gelesen wird und ein Weltbestseller ist wie *Emma.* Wie *Stolz und Vorurteil* ist es eine Studie über Selbstbeherrschung und moralische Entwicklung: die Geschichte eines Mädchens aus schlechtem Milieu, die zu einer noblen jungen Frau heranwächst, im zaristischen Rußland einen genossenschaftlichen Schneidereibetrieb leitet und Ärztin wird. Sie heiratet zweimal; in ihrer ersten Ehe gibt es keine körperliche

Vereinigung, weil der Geschlechtsakt als tierisch, unwürdig und wahrer Kameradschaft wie wahrer Liebe im Wege stehend betrachtet wird; in der zweiten Ehe ist Sexualität als Ausdruck von Liebe zulässig. Fast wie Paulus scheint Cernyševskij zu sagen: «Nun ja, wahrscheinlich heiratet man besser, bevor man verbrennt.» Er bietet uns ein angenehm anregendes Utopia an, das zum Greifen nahe wäre, wenn wir nur lernen wollten, uns und unsere Leidenschaften zu beherrschen. Er beschwört nicht wie die Kirche Gott als die Macht herauf, deren Eingreifen notwendig ist, um Selbstbeherrschung und den Himmel hier auf Erden herbeizuführen; vielmehr sieht er die verborgene Kraft dazu in Mann und Frau – sie müssen sie nur nützen.

Ein berührendes Buch; es sollte mehr von der Sorte geben. Der Autor spricht darin den Leser direkt an:

> Ich wette, daß Vera, Kirsanov und Lopukhov (seine Hauptgestalten) der Mehrzahl der Leser wie Helden, wie höhere Wesen erschienen sind, wenn nicht gar, ihres höchst noblen Verhaltens wegen, wie ideale Gestalten, wie unerreichbare Vorbilder für jeden im wirklichen Leben stehenden Menschen. Nein, meine armen Freunde, ihr habt geirrt, wenn ihr so dachtet; sie stehen nicht zu hoch. Ihr seid es, die zu niedrig steht. Nun seht ihr, daß sie zu ebener Erde stehen; und wenn sie euch in den Wolken zu schweben schienen, dann nur, weil ihr euch in den höllischen Tiefen befindet. Alle Menschen können und sollten an das Licht gelangen, in dem sie stehen ... Kommt hervor aus euren Höhlen, Freunde, steigt empor! Es ist nicht gar so schwer. Kommt an die Oberfläche dieser Erde, wo es einem so wohl ergeht und man mühelos und angenehm wandelt. Versucht es: Entwicklung! Entwicklung! Beobachtet, betrachtet und lest jene, die von der reinen Lebensfreude zu euch sprechen, von der möglichen Güte und dem möglichen Glück der Menschen.

Cernyševskij war, wenn ich Dir eine rasche Zusammenfassung der russischen Geistesgeschichte im 19. Jahrhundert geben darf, ein Mann der achtziger Jahre, einer jener Visionäre, wie sie auf die Männer der sechziger Jahre folgten – wie der Anarchist Kropotkin, der Philosoph Bakunin. (Sie konnten einander nicht ausstehen.) Cernyševskij brannte mit Bakunins Tochter durch und war verrückt, vollkommen verrückt. Mit seinen funkelnden Augen machte er allen angst. Mit vierunddreißig wurde er seiner revolutionären Tätigkeit wegen festgenommen und zu lebenslänglich Gefängnis verurteilt. Er entkam, heißt es, indem er die gesamte Gefängnisverwaltung zu seinen Ideen bekehrte – zu jenem ekstatischen, vor-marxistischen Kommunismus, den wir in *Was tun?* finden, dem Buch, das er im Gefängnis schrieb. Die Wärter schlossen die Gefängnistore auf und ließen ihn frei. Die höheren Instanzen fanden ihn und schickten ihn nach Sibirien, wo die Wärter weniger leicht zu beeindrucken und viel zu dumm und niederträchtig waren, um sich zu irgend etwas bekehren zu lassen. Dort starb er 1889. *Was tun?* lebt fort.

Jane Austens Lebensstil (wie wir das heute nennen) war sehr anders und ihr Ruf zu den moralischen Waffen gedämpfter; aber er war zu hören. Und auch ihre Bücher leben fort.

Ganz natürlich, daß Leser auf Schriftsteller neidisch sind.

Mit den besten Wünschen
Tante Fay

Sechster Brief

An eine Schwester

Canberra, Januar

Meine liebe Enid,
danke, daß Du mir geschrieben hast. Dein Brief ist mir von Cairns nachgereist und hat mich hier eingeholt, einen Tag vor meinem Abflug nach Heathrow. Natürlich ermutige ich Deine Tochter nicht, einen Roman zu schreiben. Natürlich sollte sie sich auf ihr Studium konzentrieren. Ich versuche nur, ihr Jane Austen verstehen zu helfen; betrachte meine Briefe als Samenkörner, ausgesät auf einem dringend literarischer Düngung bedürftigen Feld.

Weißt Du noch, wie unsere Mutter unter meinem Kopfkissen ein Exemplar von *Der Quell der Einsamkeit* entdeckt und es zeremoniell als unanständig und verderblich verbrannt hat? Hast Du Alice von diesem Zwischenfall je erzählt? Ich bezweifle es, und doch lauert der Titel irgendwo in ihrem Unbewußten. Es könnte einen fast dazu bringen, Lamarckianer zu werden und an die Vererbung erworbener Eigenschaften zu glauben.

Ich bin wirklich froh, daß Du geschrieben hast. Es wird Zeit, daß wir diesen Streit begraben. Ich begreife, daß Dich die Möglichkeit nervös macht, Alice könnte Erzählerisches zu Papier bringen – Du bist in dieser Hinsicht besonders empfindlich und meinst sicher, sie werde über Deine und Edwards intime eheliche Beziehung zu schreiben anfangen, aller Welt die Augen darüber öffnen, und dann werde Edward sie aus dem Haus verbannen. Das wird sie nicht tun – genausowenig, wie ich das jemals getan habe. Du bist *nicht* das Vorbild für Chloe in *Frauenfreundschaft*. In jedem Fall erheben zu viele meiner Freundinnen auf diese Rolle Anspruch, als daß Du das vernünftigerweise auch noch tun könntest. Jede Frau, die ihrem Mann aufwartet wie eine Dienerin einem Herrn – und es gibt sie scharenweise –, erkennt sich allzu leicht in Chloe. Aber ich *habe sie erfunden*. Ich versichere es Dir. Zwar mußt Du den Teig zum Aufgehen vorbereiten, bevor Du Dich schlafen legst, damit Edward frische selbstgebackene Brötchen zum Frühstück hat, wie es Chloe für ihren Oliver tat; aber darf kein Autor jemals darüber schreiben, nur weil Du so etwas machst? Kann es Dein *Eigentum* sein, weil Du es *tust*? Das Detail stammt von Dir, das gebe ich zu, aber nicht die Gestalt Chloe. *Du* hattest nie den Garten voller fremder Kinder, die zu Dir kamen, einfach weil Du die einzige Mutter in Sichtweite warst. Du hast Dir Deine Freunde sorgfältiger ausgesucht. Du wirst niemals «Ich kann es, ich kann es, und ich tue es!» brüllen und Edward verlassen; zum Glück für Dich, weil Du eben so lebst, wie Du lebst, wie seltsam das andern auch vorkommen mag. Du bist nicht Chloe.

Laß mich versuchen, es Dir zu erklären, es zu beweisen. Für mich gibt es, selbst als Leserin, einen erkennbaren Unterschied zwischen erfundenen und nur beschriebenen Gestalten. Nimm zum Beispiel Miss Bates in Jane Austens *Emma* – ein Buch, das Du gelesen und geliebt hast, obwohl es Dir irgendwie mißlungen ist, Deine Begeisterung dem kleinen Punk-Mädchen Alice zu vermitteln. Ich bin sicher, daß Miss Bates auf einer realen Person beruht – «einer Frau, über die man lachen mag, lachen *muß*», sagt Emma –, weil das Porträt eine Spur gehässig und ausführlich ist; vielleicht Jane Austens Rache für Stunden der Langweile in der örtlichen Gesellschaft. Wahrhaft erfundene, von der Phantasie gezeugte, voll entwickelt dem Kopf entsprungene Gestalten wie Venus aus Zeus' Haupt mögen ebenso verrucht oder gut oder grotesk oder töricht erscheinen; aber der Autor nimmt ihnen gegenüber die Haltung von Gott ein: er vergibt und versteht, selbst da, wo er verurteilt. Diese Gestalten sind schließlich seine eigenen Geschöpfe. Er ist gewissermaßen für sie verantwortlich.

Aber wenn der Autor beschreibt und nicht erfindet, bekommt er seine menschliche Beschränktheit zu spüren und wirkt gehässig oder fanatisch oder für jeden Kommentar unzuständig. Ich gestehe, daß mir bei Miss Bates nicht recht wohl ist. Ich vermute, sie wohnte im Dorf Chawton, und sicher lasen die Dorfbewohner *Emma*, stießen sich gegenseitig an, sagten ‹Das ist sie, unsere Miss Bates› und lachten desto mehr über sie; und ich hoffe, Jane Austen hat sich ein wenig geschämt, genau wie am Ende Emma. Allerdings konnten damals nur etwa fünfzehn Prozent der Dorfbewohner lesen und schreiben. Vielleicht ging Jane Austen davon aus, daß man sie nicht ertappen würde.

Schriftsteller drehen und winden sich, wenn sie mit der Vorstellung konfrontiert werden, sie beuteten ihre Lebensgefährten, Angehörigen, Freunde und Kollegen parasitär aus. Der Vorwurf ist immer beinahe berechtigt, aber niemals ganz. Menschen in Erzählungen sind aus vielen zusammengesetzt oder Abstraktionen – was ihre Persönlichkeit und ihr Äußeres angeht. Erfundene Gestalten sind schlicht und verständlich – reale Menschen sind unendlich kompliziert und unbegreiflich; selbst äußerlich sehen sie jeden Tag anders aus.

Natürlich bekümmert es mich, daß Du meinst, Du seist Chloe, und ich habe ein schlechtes Gewissen deswegen, auch wenn ich lauthals meine Unschuld bekunde.

Doch ich sollte persönlich-sozioliterarische Bemerkungen wie diese besser an Alice richten, die Referate schreiben muß und hier eine Formulierung, dort einen Gedanken brauchen kann, nicht an Dich, Enid. Grüße Edward von mir. Falls er es mir verzeiht, daß ich Dich aus der Fassung brachte, indem ich die Mann-Frau-Brötchen-Beziehungen in allen Einzelheiten der Romanelesenden Öffentlichkeit enthüllt habe (die nur einen *sehr* kleinen Teil der Bevölkerung ausmacht, versichere ich ihm – und Mrs. Thatcher liest *nie* einen Roman); wenn er akzeptiert, daß es nicht mein einziges Lebensziel ist, Ehen kaputtzumachen, und begreift, daß ich mit meiner Überweisung von £ 500 an Alice weder ihn verunglimpfen noch andeuten wollte, er lasse seine eigene Tochter darben, sondern nur ehrlich meine Wettschulden beglichen habe – dann komme ich gerne zu Besuch. Du fehlst mir, Enid.

Deine Dich liebende Schwester
Fay

Siebter Brief

Emma lebt!

Singapur, Februar

Liebe Alice,
ich wechsle Briefe mit Deiner Mutter; vielleicht vergibt mir Dein Vater, womöglich werden wir sogar noch einmal vereint. Warum überhaupt jemand von uns Romane liest, wo doch das Leben so romanhaft ist, wüßte ich heute wirklich nicht zu sagen. Wenn ich nächste Woche unter der Zeitverschiebung leide und eine mit ernsthafter, harter Arbeit angefüllte Zukunft ohne tröstliche Auslandsreise vor mir sehe, dann werde ich sicher wieder kläglich an den Toren der Stadt der Erfindung anklopfen, auf der Flucht vor der Langweile, auf der Suche nach Ideen.

Mittlerweile sitze ich im 18. Stock des Marco Polo Stopover Hotels, denn ich fürchte mich viel zu sehr vor Asien, um mein Zimmer zu verlassen. Ich fürchte nicht um meinen Körper, sondern um meinen Verstand. Um mich mit der Vorstellung der Gruppenseele vertraut zu machen und unsere westlichen Vorstellungen von einem individuellen Leben, von Tod und Erlösung zu vergessen, bräuchte ich mehr Zeit, als ich auf dieser Reise zur Verfügung habe. Also werde ich aus dem Fenster sehen, so tun, als schaute ich auf ein Bühnenbild, und Dir einen Brief schreiben. Ich werde mir zum Abendessen einen Hamburger kommen lassen und die Augen vor der reifen, imperialen, mörderischen Tüchtigkeit dieser alt-neuen Stadt verschließen, wenn ich im Bus zurück zu dem schönen Flughafen Changi fahre, wo Brunnen plätschern und Polizisten ihre Maschinengewehre auf die Menge gerichtet halten, zweifellos zugunsten von Leuten wie mir. Ich reise mit Bargeld.

Ich finde, Du solltest die Autoren kennenlernen, die Jane Austen gelesen hat: Addison, Johnson, Sheridan, Goldsmith, Richardson, Fielding, Sterne und Fanny Burney.

Zu viel?

Dann halte Dich an Henry Fielding. Lies *Tom Jones* (wenn *das* zu viel ist, schau Dir wenigstens den Film an). Jane Austen soll Fielding als moralisch zu locker getadelt haben. Zu den Schwierigkeiten, die ein bekannter Schriftsteller hat, gehört es, daß die Leute glauben, man meine, was man sagt, und werde immer meinen, was man einmal gesagt hat. Um seine Ansicht oder Stimmung ändern zu dürfen, muß man erst eine Fahne hissen oder in die Trompete blasen. Hätte Jane Austen gewußt, daß eine beiläufige Bemerkung über Fielding – vielleicht aus einem bestimmten Anlaß gesagt, um die Gesellschaftsmaschinerie am Laufen zu halten – über Jahrhunderte hinweg als ihre einzige, wahre und bleibende Ansicht betrachtet werden würde, dann hätte sie wahrscheinlich eine andere Formulierung gewählt. Oder sie hätte, falls sie nur schnell wieder an ihre Arbeit wollte, der einmal gefallenen Bemerkung mit einer Punktezahl zwischen 1 und 10 hinzugefügt, wie wichtig sie ihr war und wie dauerhaft sie ihr erschien. Hoch wäre die Punktezahl nicht gewesen.

Wahrscheinlich solltest Du Richardsons *Sir Charles Grandison* lesen, eines von Jane Austens Lieblingsbüchern, soviel ich weiß. Ich kenne es nicht. Wenn Du es liest und mich wissen läßt, wie gut es ist, zahle ich Dir £ 50 dafür. Ich bin der Meinung, daß es sehr hoch bezahlt werden sollte, wenn man Bücher liest, die man nicht wirklich lesen will, oder sich um Kinder kümmert, um die man sich eigentlich nicht kümmern möchte. Es ist ein Angriff auf den menschlichen Geist. Ich habe an der Universität für (sehr) kurze Zeit englische Literatur studiert und war so außer mir über die Zumutung, einen Roman von Walter Scott lesen zu sollen, daß ich jemanden dafür bezahlt habe, es für mich zu tun; so, wie ich jetzt Dich dafür bezahle, daß Du Richardson liest. Das war damals keine bewundernswürdige oder ethisch hochstehende Tat, und da mir das klar war, wechselte ich von Literaturwissenschaft zu Volkswirtschaft und Psychologie über, zu Fächern, in denen ich aufblühte. Ich schließe daraus weder auf das Wesen des Lesers noch des keimenden Schriftstellers – nur daß ich eine gelangweilte, faule Studentin war. Ich hoffe, *Du* tust so etwas nie.

Ich frage mich, ob Du wohl eine politisch denkende junge Frau bist? Ob Dir auffällt, daß Deine Prüfungen in dem Maße immer schwieriger werden, in dem die Zahl der verfügbaren Plätze an unseren Universitäten abnimmt? Oder weißt Du es vielleicht, und es ist Dir egal? Ich habe den Verdacht, daß Du zu privilegiert, zu gescheit, zu hübsch, zu sicher in Deinen Meinungen bist, um Dich sonderlich um das zu scheren, was in der Gesellschaft um Dich herum vorgeht. Und vor allem zu unbelesen, zu wenig geübt in Einfühlung.

Jane Austen schrieb die erste Fassung von *Stolz und Vorurteil* (damals *Erste Eindrücke* genannt) im Jahr 1796. Es war ein Jahr der Hungersnot und des Mangels. Der Preis für Weizen stieg rapide. Auf dem Land gab es hohe Arbeitslosigkeit – die meisten Landarbeiter wurden nur auf Zeit eingestellt und waren in einer Krise arbeitslos. Zur Erntezeit arbeiteten fast alle, um Weihnachten fast niemand. Wenn es keine Arbeit gab, gab es keinen Lohn und kein Essen. Es starben mehr Kinder, geborene und noch ungeborene. Die Dorfbewohner zogen noch immer ihre Mützen vor den besseren Leuten, und vor allem vor dem Herrn Pfarrer; ungeachtet seiner Beziehung zu Gott war der zumeist auch der Bürgermeister und besaß fast unbeschränkte Macht in der Gemeinde; er konnte Vergehen bestrafen, Unterstützung gewähren, Pächter vertreiben und so fort. Sicher wurden auch vor den Kindern des Pfarrers die Mützen gezogen. Was sollte ihnen schon auffallen? Sie brachten den Armen Suppe und fragten sich nicht nach den Ursachen für die Armut. Sie trösteten sich, wenn überhaupt, mit der Existenz des Speemhamland-Systems – das kam um 1775 auf und unterstützte die Arbeiter mit den niedrigsten Löhnen, falls deren Familieneinkommen unter das Existenzminimum fiel, weil entweder der Preis für Brot zu hoch war oder sie zu viele Kinder hatten. Dieses System wurde nie Gesetz und es funktionierte nie, aber verbreitet war es schon. Der Unterschied zwischen Arbeitern und Almosenempfängern verschwand. Die Bauern zahlten weiter Löhne, die unter dem Existenzminimum lagen. Und das Existenzminimum wurde immer niedriger angesetzt.

Bauern und Großgrundbesitzer beanspruchten für sich, was einmal Gemeindeland gewesen war, und pflanzten Hecken darum. Die Landbevölkerung war machtlos dagegen und wurde immer hungriger.

Und Mr. Bingley ritt auf dem Weg nach Netherfield Park am Fenster der Bennets vorbei, und Elizabeth wurde von Darcy vernachlässigt, und ihre Schwester Jane wurde von Mr. Bingley vernachlässigt, und dann verliebte sich Darcy in Elizabeth, die seinen Heiratsantrag ablehnte, und Lydia brannte durch und lebte mindestens für eine Woche in Sünde mit Mr. Wickham, und Elizabeth verliebte sich in Darcy, und Bingley wurde wieder mit Jane vereint, und alle waren fortan glücklich, sogar Mrs. Bennet, die einzige Person, die eine leise Spur von purer Verzweiflung über die Welt erkennen ließ und über die sich den ganzen Roman hindurch alle lustig gemacht haben.

Wenn das kein Blödsinn ist!

Da hungern Millionen, damals wie heute, höre ich Dich protestieren. Was soll da Jane Austen! Was willst Du bloß mit ihr? Und ich kann Dir nur wehmütig antworten: der Mensch – der männliche und ganz besonders der weibliche – lebt nicht vom Brot allein. Er braucht Bücher.

Nicht daß *Stolz und Vorurteil* das Leben der Armen auf dem Land fröhlicher gemacht hätte, denn es konnten ja so wenige von ihnen lesen. Pfarrer Austen hatte genug damit zu tun, den Söhnen der führenden Schicht Latein beizubringen; die Kinder der Armen Lesen und Schreiben zu lehren, hatte er keine Zeit. Das hätte nur zu Revolution geführt – oder jedenfalls zu unbequemen Lohnforderungen.

In *Emma* freundet sich Emma Woodhouse mit Harriet an, und Harriet ist in ziemlich erbärmliche Umstände hineingeboren, und Emma versucht, ihr Unterricht zu geben, aber leider kommt die Kinderstube eben immer wieder durch, wie man im 18. Jahrhundert zu sagen pflegte: Harriet wird für Emma zu einer Enttäuschung. Mr. Knightley hat das im voraus gewußt. Man ging damals von Naturgegebenheiten aus, nicht von sozialen Einflüssen. In der Debatte: Gene oder Umgebung? siegten glatt die Gene, sogar bei Jane Austen. Harriet findet in dem ehrlichen Pächter Robert Martin den ihrem natürlichen Stand entsprechenden Gefährten.

Was willst Du also mit Jane Austen? höre ich Dich wiederholen. Warum diese Verehrung, wo sie doch (aus unserer Sicht) für so vieles blind war? Ich will es Dir sagen. Die feineren Leute müssen damals wie heute lesen, um sowohl das Elend als auch den Zorn der Masse begreifen zu können. Nicht nur die Unwissenheit der Analphabeten müssen wir bekämpfen, sondern auch die Fühllosigkeit derer, die alles haben. Literarische Werke trainieren unsere Sensibilität und unser Verständnis in einer Weise, wie es bloße Information nie vermag. Das wirst Du selbst wissen. Ein Fernsehspiel hat zehnmal so viel Wirkung wie ein Dokumentarbericht zum selben Thema.

Wenn die Gesellschaft sich weiterentwickeln soll, müssen sich die Habenden in die Habenichtse einfühlen. Ich biete da keine ganz so strenge Lehre an wie W. H. Auden – «wir müssen einander lieben oder sterben» –, nur daß wir lernen müssen, uns in anderer Leute Haut zu versetzen und die Welt mit ihren Augen zu betrachten, oder aber wir sterben. (Das ist für die meisten Leute wenigstens ein bißchen leichter zu schaffen, da Liebe ja nur in so geringen Mengen vorhanden ist und wir wohl kaum willentlich über sie verfügen können.) Wenn der Minister für Bildung und Erziehung und die Premierministerin mehr Romane läsen, wäre die Zahl der Studienplätze nicht verringert worden, und Deine Prüfungen wären nicht so schwer zu bestehen. Sie wüßten, wie es sich *anfühlt*, als Student zu scheitern, und hätten Erbarmen.

Du kannst Dich in der Kunst der Einfühlung sehr gut üben an *Stolz und Vorurteil* und sämtlichen Romanen von Jane Austen, und diese tägliche Übung brauchen wir alle, sonst werden wir nie gute Lebenskünstler, ebensowenig, wie wir ohne Üben je gut Klavierspielen lernen.

Der/die Schriftsteller(in), der/die doch Meisterkurse in Einfühlung abhält, ist merkwürdigerweise von der Verpflichtung befreit, die soziale Not zu beobachten, die größeren Wellen des gesellschaftlichen Wandels zu dokumentieren. Es ist mehr als genug, die winzigen Impulse, die zwischen zwei Menschen hin- und hergehen, zu beobachten und festzuhalten; vom Kleinen auf das Große zu schließen, vom Mikrokosmos auf die gesamte Welt, ist Sache anderer. Ich habe das als eine Erklärung (oder Entschuldigung) dafür anführen hören, daß eine ganze Clique von Schriftstellern für faschistische Tendenzen eintritt: weil sie so intensiv mit der fiktionalen Welt beschäftigt seien, all ihre Energie für den Bau ihrer prächtigen Häuser in der Stadt der Erfindung bräuchten, deswegen würden sie sich in der realen

Welt gern entspannen können und deren Lenkung den Starken und Mächtigen überlassen – denen also, mit denen es sich nicht reden läßt. Schreib einen Aufsatz darüber, aber laß einen breiten Rand für Einwände.

Ich habe mir einen Daiquiri und ein mit Curry gefülltes Sandwich aufs Zimmer bringen lassen. So begegnen sich der Westen und der Osten doch noch. Der Etagenkellner bot auch intimere Dienste an, auf die ich verzichtete; derlei geschieht öfter, wenn Damen eines gewissen Alters allein reisen. Deine Mutter wäre stolz auf mich – Dein Vater würde lediglich feststellen, daß Frauen, die allein reisen, verdient haben, was sie bekommen. Ich kenne eine junge Frau, die, zur Revolution anstiftend, durch die Welt gereist ist; ins komfortable Haus ihrer Eltern zurückgekehrt, klagte sie unter Tränen, sie sei an der afghanischen Grenze von fünf Polizisten vergewaltigt worden, und bekam nur zu hören: «Na, was hast du denn sonst erwartet?» Sie nahm großen Anstoß daran, aber ich glaube, ich bin auf der Seite ihrer Eltern. Nichts ist umsonst. Die Welt ist sehr real und besteht nicht aus einem ungreifbaren Gespinst aus Recht und Unrecht, aus Überholtem und Aktuellem, wie wir uns in unseren lauschigen, wohlanständigen Vororten gern einbilden; und es hat keinen Zweck, darüber zu staunen – wie es Journalisten oft tun –, daß man, wenn man in einen Krieg zieht, reale und keine theoretischen Kugeln abbekommt, oft aus den eigenen Reihen. Nur weil die Sache der einen Partei schlecht ist, ist die gegnerische noch nicht gut. Das ist eine harte Lektion, und man lernt sie erst in letzter Zeit.

Ich habe die Kette an meiner Tür eingehängt und noch einmal Deinen Brief gelesen. Du schreibst, Du hättest das erste Drittel gelesen. Ich gebe zu, daß der mittlere Teil von *Emma* sich ziemlich in die Länge zieht.

Laß mich rasch das Handlungsgerüst zusammenfassen – den

Haken, an dem Jane Austen ihre Romane aufhängt. Handlungen, versichere ich Dir, sind nichts als Haken. Es gibt sie reihenweise im Kopf eines Schriftstellers. Du kannst für Deine Zwecke diesen oder jenen benutzen, und es macht einen gewissen Unterschied aus, welchen Du wählst, aber keinen großen. Die Handlung von *Emma* ist nicht ganz so dünn wie die von *Stolz und Vorurteil*: sie kann viel mehr Charaktere und Beobachtungen und Bedeutung tragen; und mehr Langeweile von seiten unwilliger, hastiger Leser – zu denen ich Dich noch immer rechne.

Emma beginnt mit einem Absatz, der mir einen Schauer des Vergnügens über den Rücken laufen läßt. Er glitzert vor Kompetenz, ist beseelt von der Autorin, die ihre Macht erkannt hat, die sich in den Winkeln und Gassen der Stadt der Erfindung auskennt. Da ist Emma, erregt Neid im Herzen des Lesers und, so vermutet man, auch der Autorin – und nun, erklärt sie, wird Emma gebrochen, und ich, die Autorin, und Du, der Leser, werden diese Erfahrung teilen:

> Emma Woodhouse, hübsch, klug, reich, mit einem behaglichen Heim und von glücklicher Anlage, schien mit vielen der schönsten Gaben des Daseins gesegnet. Sie war nun fast einundzwanzig Jahre auf der Welt, ohne mit Leid und Verdruß noch viel Bekanntschaft gemacht zu haben.

Das Wort ‹schien› in der zweiten Zeile benennt den Konflikt, von dem das Buch handelt. Es wird 400 Seiten lang dauern, bis er gelöst ist. Und Du hast fünf magische Angaben – hübsch, klug, reich, behagliches Heim, glückliche Anlage –, die Du in allerlei Kombination mit den ‹Gaben des Daseins› in Beziehung setzen kannst.

So einfach, siehst Du, ist dieser Auftrag, und so wunderbar verheißungsvoll, daß er das kühle Bewußtsein des Lesers übergeht und uns geradewegs in die Stadt der Erfindung trägt.

Ich höre mich zu unveröffentlichten, verbitterten Schriftstellern, die nicht verstehen, warum ihre Manuskripte abgelehnt werden, oft sagen: «Aber Sie müssen an Ihre Leser denken», und sie glauben dann, ich rate ihnen, für einen Markt zu schreiben, aber das tue ich nicht. Ich versuche, ihnen zu erklären, daß Schreiben in gewisser Weise eine von Leser und Autor geteilte Erfahrung sein muß: im Haus der Phantasie müssen Türen eingebaut sein, durch die Besucher es betreten können, und Haken für ihre Mäntel und Fenster, durch die sie hinausschauen können. Es nützt nichts, sich als Eremit auszugeben. Du wirst an Unterkühlung und Unterernährung sterben, wenn Du in Deinem Haus allein wohnst, mag es noch so schön gebaut sein. Es muß Besucher willkommen heißen oder sie aufregen, falls es gefährlich ist, oder bilden, falls der Aufenthalt darin unerfreulich ist; oder es muß große Lust bereiten.

Emma lebt mit ihrem (für mich, nicht für Emma) lästigen, schwierigen, hypochondrischen Vater, Mr. Woodhouse, in dem Dorf Hartfield. Ihre Mutter starb, als Emma noch sehr klein war; sie hat eine verheiratete Schwester namens Isabella. Sie selbst besitzt £ 30 000. Sie ist von einer Gouvernante erzogen worden, die nun dank Emmas Kuppelei heiratet und Emma allein läßt. Sie ist eingebildet. Es gibt da einen recht offenkundigen Verehrer im Dorf, einen Mr. Knightley, aber Emma sieht ihn in der Rolle eines Freundes, nicht eines Liebhabers. (‹Liebhaber› im alten Sinne von ‹Freier›, Alice. An Unzucht hätten anständige, beherrschte Leute einfach nicht gedacht, aus Gründen, die ich bereits erwähnt habe.) Ein weiterer möglicher Freier zeichnet sich am Horizont ab: Frank Churchill, der wie Jane Austens eigener Bruder Edward in weit feineren Verhältnissen aufgewachsen ist als die, in die er hineingeboren wurde. Emma hat sich mit Harriet Smith angefreundet, einem schönen, aber unehelichen Mädchen. «Das Unglück deiner Geburt sollte dich besonders vorsichtig in der Wahl deines Umgangs machen», warnt Emma sie. Illegitim! Harriet ist drauf und dran, den Bauer Robert Martin zu heiraten, doch Emma ist der Meinung, Harriet könne auf dem Heiratsmarkt noch mehr erreichen und hetzt das dumme Mädchen gegen den armen Mr. Martin auf. Mr. Knightley tadelt sie deswegen. Als Kontrastfigur zu Emma taucht Jane Fairfax auf – begabter, klüger, ernsthafter als sie, dazu verdammt, mißverstanden und eine Spur unsympathisch gefunden zu werden. (Ich frage mich manchmal, ob sich Jane Austen selbst nicht mehr in Jane Fairfax porträtiert hat als in Elizabeth Bennet, wie immer angenommen wird, der gescheiten, liebenswerten, unberechenbaren Heldin von *Stolz und Vorurteil.*) Emma ist unfreundlich zu Miss Bates. Mr. Knightley tadelt sie. Mr. Elton heiratet eine widerwärtige Frau. Die Beziehungen kreuzen und verknüpfen sich.

Der ewig loyale Ronald Blythe bezeichnet dieses Hin und Her als «Kriminalgeschichte», und wenn Du Deine Prüfung bestehen willst, glaubst Du besser ihm als mir. Aber er schrieb seine Einführung in den Roman 1814–15. Ich glaube an Indizien im Roman selbst ablesen zu können, daß Jane Austen zu jener Zeit von ihrer Mutter und von Cassandra zur Verzweiflung gebracht wurde; daß sie ihre Lebensweise anödete und sie doch nicht den Mut aufbrachte, zu jener Sorte von Parties zu gehen, zu denen eine Madame de Staël erschien; daß sich eine tödliche Krankheit in ihr auszubreiten begann und es sie demütigte, auf Gnade ihres Bruders, der im Herrenhaus wohnte, in einem Eckhäuschen im Dorf zu leben – zu einer Zeit in ihrer Karriere, als der Prinzregent eine komplette Ausgabe ihrer sämtlichen Romane in jeder seiner Residenzen stehen hatte. Ich glaube, sie schrieb mit zusammengebissenen Zähnen weiter, fraß ihr Unglück in sich hinein und suchte in der Welt der Erfindung Zuflucht, statt sich klaren Kopfes und reinen Herzens dort hinzubegeben, frei ein- und auszureisen. Sie schaffte es nicht ganz, den Mantel vom

Haken zu holen. Sie zog und zerrte, aber er blieb hängen. Und darum hattest Du keine Probleme mit dem ersten Drittel und hast dann nicht weitergelesen. Sie hatte selbst Probleme.

Schließlich bekam sie den Mantel doch vom Haken los. Harriet beginnt, Mr. Knightley Augen zu machen, was Emma schockartig klarmacht, daß sie selbst ihn liebt. Es stellt sich heraus, daß Harriet noch niedrigerer Herkunft ist als bislang angenommen, also kann sie ruhig mit Robert Martin verheiratet werden. Der hassenswerte Mr. Woodhouse wird dazu überredet, die Idee einer Heirat von Mr. Knightley und Emma gar nicht so übel zu finden. Die intime Freundschaft zwischen Emma und Harriet verwandelt sich in wohlwollende Duldung; das mußte sie ja wohl auch, wenn aus Emma Mrs. Knightley werden soll. Es ist manchmal bezweifelt worden, daß die Heirat von Emma und Mr. Knightley tatsächlich ein glückliches Ende darstellt, aber ich bin gern bereit anzunehmen, daß Jane Austen ihre eigenen Gedanken selbst am besten kennt.

Die Kinderstube kommt immer wieder durch – dieser fixen Idee jener Zeit begegnen wir hier ständig. Emma versucht zwar, die unter so widrigen Umständen geborene Harriet zu belehren und zu bilden, während sie zugleich deren schlichte Fröhlichkeit genießt. (Offenbar hatten auch damals schon die feineren Leute kein ganz ungebrochenes Verhältnis zu ihrer eigenen Feinheit und beneideten das gewöhnliche Volk um seine Vitalität und Ungehemmtheit – so wie unser moderner Kulturrepräsentant am liebsten zu Fußballspielen geht, wie junge Leute der Mittelschicht die Sprache der Straße nachäffen, wie Musikkritiker versuchen, die Beatles ernst zu nehmen; und wie überall Kunstformen erfunden werden, die eher eine unverbildete Phantasie erfordern als eine gefährlich vertrocknete Kennerschaft.) Doch Harriet erweist sich für Emma am Ende als Enttäuschung. Mr. Knightley, der alles vorhergesehen hat, wußte auch das.

Harriet mag zwar wohlgeboren sein (es gab Mittel für ihre Erziehung, also hatte vermutlich wenigstens einer ihrer Eltern Geld), aber sie ist nicht tugendhaft geboren, also begnügt sie sich besser mit einem kleinen Pächter als Ehemann. Von zehn Punkten gebe man sieben für die Gene, ziehe drei ab für unglücklichen Lebensstart, addiere einen für eine gute, vernünftige Erziehung, weitere zwei für Hübschheit und Charme, und ziehe nochmals zwei für einen allgemeinen Mangel an Stimmigkeit ab – und man kommt bei fünf Punkten an, bei genau so vielen, wie der kleine Bauer Robert Martin von Anfang an hatte; also eine gute Partie. Was einen an dem Roman *Emma* – den Du doch sicherlich inzwischen weitergelesen hast – so entzückt, ist das dauernde Auf und Ab der Punkte, die von der Autorin verteilt werden; besonders in Harriets Fall. Der Kurs von Emma selbst schwankt zwischen sieben und acht Punkten, sie verliert einen durch Torheit und Eigensinn, gewinnt einen durch Freundlichkeit gegenüber ihrem furchtbaren Vater Mr. Woodhouse, büßt Punkte ein (und zwar zu Recht), indem sie so gemein zu Miss Bates ist, und gewinnt sie zurück, indem sie Leid durchsteht, ohne (im Gegensatz zu Harriet) viel Aufhebens zu machen. Schließlich bringt sie es auf neun Punkte und darf deswegen Mr. Knightley heiraten, dessen Wert konstant bei neun liegt. Und es wären ihm zehn Punkte zugestanden worden wie Mr. Darcy, wäre er adliger Herkunft gewesen und hätte er jeden Augenblick Aussicht auf einen Herzogstitel gehabt.

(An Jane Austens Romanen läßt sich beobachten, daß es die Frauen sind, die moralische Konflikte auszustehen haben, nicht die Männer. Hier könnte sich freilich das Leben widerspiegeln. Weil ich Bemerkungen dieser Art mache, will Dein Vater mich nicht in seinem Haus haben – deswegen und natürlich wegen der Sache mit den Brötchen.)

Jane Austen sieht die Trennung zwischen Adel und *gentry*

gern als überwunden an; oder vielleicht möchte sie nur die ziemlich scheußliche Angewohnheit des Adels verklären, die *gentry*-Schicht zur Blutauffrischung zu gebrauchen – sich passende Mütter für ihre Kinder auszusuchen, wie sie Decktiere für ihr Farmvieh auswählten. Inzucht ergibt keine kräftigen Nachkommen; die Adligen waren ja nicht blöde. Später sollten sich die englischen Adligen zum gleichen Zweck der neureichen amerikanischen Mädchen bedienen; und die brachten natürlich auch noch Geld mit. Elizabeth Bennet brachte Darcy weder Land noch Geld ein – aber Intelligenz, Vitalität und Ehrlichkeit. Mit ihrer ordinären Mutter und ihrer fürchterlichen Schwester Lydia mußte er sich eben abfinden.

(Oder, wie Winston Churchill gesagt hätte, der selbst der Sproß einer Geldliebesehe zwischen einem englischen Lord und einer amerikanischen Erbin war, «sich abfinden, womit sich am Ende jeder hätte abfinden müssen». Es ist bekannt, zumindest in meiner Generation, daß Churchill Memoranden zur Umformulierung zurückschickte, die seinen stilistischen Ansprüchen nicht genügten. Sogar als Hitler vor den Toren stand, erschien ihm derlei wichtig. Kultur gegen Barbarei.)

Wenn in den Romanen jener Zeit berufstätige Mädchen – Gouvernanten, Milchmädchen und so fort – die Liebe von Gentlemen eroberten, dann waren sie gewöhnlich bei der Geburt vertauscht worden. Die Verwechslung von Babies, die Verdrängung rechtmäßiger Erben und dergleichen gehörte bis vor kurzem zu den vertrauten Tricks von Erzählern. Eine verführerische Phantasie war derlei immer – haben wir nicht alle als Kinder einmal unsere Eltern angestarrt und gedacht: ‹Das können doch nicht die richtigen sein!› Aber als literarisches Phänomen enthält es ein Echo des mühseligen Wegs der Gesellschaft durch den Nebel von Sitten und Vorurteil zu jenem Licht am Ende des Tunnels, in dem alle Menschen einmal als gleich geboren angesehen werden könnten. Die Kindesverwechslung ist aus der Mode gekommen, nun da wir alle (mehr oder weniger) sozial mobil sind.

Es ist an der Zeit, daß ich dieses Hotel verlasse und mich wieder in die Obhut von Quant-Qua-Qantas begebe. (Ich mußte dreimal ansetzen, bevor ich es schaffte, ein ‹Q› ohne ein nachfolgendes ‹u› zu schreiben.

Ich glaube, ich bin gegen Deinen Plan, einen Roman zu schreiben, viel zu hart angegangen. Um Himmels willen, versuch es.

Deine liebevolle Tante
Fay

Achter Brief

«Oh! Nur ein Roman!»

London, Februar

Liebe Alice,
es ist bedrohlich, wieder in dieser sehr realen Stadt zu sein, wenn man sich so lange in etwas aufgehalten hat, das nun im Rückblick wie eine Ansichtspostkarte wirkt. Die Australier leben auf der Oberfläche ihres riesigen Landes und an dessen Rändern; die unvorstellbare schöne Mitte haben sie frei gelassen. Ich fühle mich an ein menschliches Hirn erinnert – aufgeregte Aktivität an der Rinde, das langsame, sprachlose, mächtige Unbewußte im Innern. Ein innerer Freiraum. Das ist das Land der Zukunft, ich schwöre es Dir. Stück für Stück wird dieses Zentrum ins Bewußtsein gezogen werden, Erinnerungen werden aufsteigen, und etwas Neues, sehr Weises wird entstehen. In der Zwischenzeit gleicht das Land einem mächtigen, bekifften, aus der Vergangenheit herausgeschleuderten Gott, der platt auf dem Rücken liegt, mit einem Zeh im Pazifik planscht und unter zeitweiligem Gedächtnisverlust leidet. Warte nur ab, bis er aufwacht. Sei da, wenn Du es irgendwie einrichten kannst, als Bürger keiner geringen Stadt. Erkennst Du die Anspielung? «Ich bin ein Bürger keiner geringen Stadt»? Paulus?

Im Jahr 1797 schrieb Pfarrer Austen an den Londoner Verleger Cadell, er sei im Besitz eines Romanmanuskripts, ungefähr gleichen Umfangs wie Burneys *Evelina*, das er gern übersenden werde, wenn Cadell interessiert sei. Cadell lehnte in seiner Antwort das Angebot ab und zog so das höhnische Gelächter einer unbarmherzigen Zukunft auf sich. Bei dem Roman handelte es sich um *Stolz und Vorurteil.* Ich für meinen Teil mache Cadell überhaupt keine Vorwürfe. Für ihn muß es so geklungen haben, als ginge es um einen Roman von einzigartiger Durchschnittlichkeit. Armes Mädchen bekommt unter unglaubwürdigen Umständen reichen Mann – das ist reichlich banal. Populäre Romane gehörten damals in eine von zwei Kategorien – Rührstück oder Horrorroman. *Stolz und Vorurteil* gehörte offenkundig in die erste Kategorie, aber es fehlte darin an den Todesszenen, die so beliebt waren. Es fiel nicht einmal jemand in Ohnmacht. Jane holte sich zwar einen üblen Schnupfen, aber das zählte nicht recht.

Und überhaupt verkauften sich Horrorromane besser.

Nun darfst Du nicht vergessen, Alice, daß es damals als sehr verdächtig galt, Romane zu lesen. Der menschliche Hunger nach Erfundenem wurde als ähnlich anrüchig betrachtet wie der menschliche Hunger nach Sex, nur als nicht ganz so verderblich. (Wieviel schlimmer noch, gar jemanden in der Familie zu haben, der Romane *schrieb.*) Es war für gebildete Frauen, die einen hellen Kopf und nichts zu tun hatten, Mode geworden, daß sie sich darin versuchten, aber es wurde von ihnen erwartet, daß sie auf keinen Fall Anstoß erregten, einen ordentlich moralischen Ton anschlugen und ihre Leser zu tugendhaftem Benehmen anhielten. Ganz sicher hätte Pfarrer Austen nicht *Lady Susan* an Mr. Cadell geschickt – die Geschichte einer verruchten Frau, die zwar zur Strafe den furchtbaren Freier heiraten muß, den sie für ihre Tochter vorgesehen hatte, die aber ihre Verkommenheit zu genießen und sich gut zu amüsieren scheint. Wäre Jane Austen in eine andere, freiere, weniger zahme Umgebung hineingeboren worden, hätte sie mit Shelley und seiner für ihren *Frankenstein* berühmten Frau Mary Wollstonecraft Umgang gepflegt, oder mit Byron und seiner Schwester-Geliebten Augusta . . .

aber solche Überlegungen sind ebenso unsinnig wie der Wunsch, andere Eltern zu haben. Hätte man die, würde man nicht existieren.

Jedenfalls wurde *Stolz und Vorurteil* unter seinem ursprünglichen Titel *Erste Eindrücke* von Mr. Cadell nicht angenommen.

Wenn Du hartnäckig an Deinem Roman weiterarbeitest, Alice, wird es Dir schwerfallen, ihn zu beenden. Denn wenn Du ihn beendest, wirst Du vor dem Problem stehen, ob Du ihn wirklich veröffentlicht sehen willst. Diese Sorge wird Dir bewußt oder unbewußt sein, aber sie wird vorhanden sein. Du wirst in Ferien fahren, Dir den Arm brechen, mit einem Freund Schluß machen oder eine neue Affäre beginnen; Du wirst Dich mit Deinen Eltern streiten oder Deine Wohnung in Brand setzen – alles tun, um die Beendigung der Arbeit hinauszuschieben. Es kann gut sein, daß Dir nicht einmal klar wird, was Du da tust.

‹Aber ich kann es doch nicht *gewollt* haben, daß ich mir den Arm breche›, wirst Du sagen.

‹Den rechten Arm›, werde ich sagen, ‹Deinen Schreibarm. Merkwürdig, daß es nicht der linke war.›

Und das wird unfair sein, aber doch ein wenig die Wahrheit. Du baust Dein Haus in der Stadt der Erfindung: die Verantwortung macht Dir angst. Gleich wirst Du die Tür aufstoßen müssen – und wenn nun niemand hereinkommen will? Oder noch schlimmer, es wollen alle hereinkommen? Wird sich Dein Leben nicht verändern? Wirst Du den Schmerz und die Klagen, die Dich aufrechterhalten, nicht ablegen müssen und Dir ganz neue zurechtlegen? O ja, allerdings. Erfolg ist etwas Entsetzliches.

Besonders, will ich hinzufügen, ohne Deinem Vater nahetreten zu wollen, besonders für eine Frau. Denn wenn Du für Dich selbst sorgen kannst, wer wird dann für Dich sorgen? ‹Erfolg kickt die Krücke des Masochismus, von dem die weibliche

Existenz so oft abhängig ist, weg und läßt einen nach Luft schnappen und im Freien hängen.› Ein weiteres Thema für einen Besinnungsaufsatz.

Und dann gibt es noch einen weiteren Faktor. Thomas Morus hat ihn 1515 in seinem Buch *Utopia* recht elegant formuliert:

> Um dir die Wahrheit zu sagen, ich habe mich noch nicht entschieden, ob ich es überhaupt veröffentlichen soll. Der Geschmack ist so verschieden, und manche Leute sind so humorlos, so unnachsichtig und denken so absurd irrig, daß man wahrscheinlich weit besser täte, sich zu entspannen und das Leben zu genießen, als sich mit dem Versuch zu Tode zu quälen, ein Publikum zu belehren oder zu unterhalten, das einen für solche Mühen nur verachtet oder einem zumindest keinen Dank weiß. Die meisten Leser wissen nichts über Literatur – viele schätzen sie gering. Die Denkfaulen finden alles schwer, was nicht gänzlich seicht ist. Intellektuelle lehnen alles als vulgär ab, was nicht aus einem Haufen Archaismen besteht. Manche mögen nur die Klassiker, andere nur ihre eigenen Werke. Manche sind so verbohrt ernst, daß sie alles Humorvolle mißbilligen, andere so engstirnig, daß sie Witz nicht ertragen können. Manche denken so wörtlich, daß die leiseste Andeutung von Ironie auf sie wirkt wie Wasser auf einen krankhaft Wasserscheuen. Andere kommen jedesmal, wenn sie sich setzen oder erheben, zu einem andern Schluß. Dann ist da noch die Alkoholiker-Schule jener Kritiker, die in Wirtshäusern hocken und ex cathedra Verdammungsurteile aussprechen, wann es ihnen gerade paßt. Sie krallen sich in deine Veröffentlichungen, wie ein Ringer sich in die Haare seines Gegners krallt, und gebrauchen sie, um dich herabzuzerren, während sie selbst ganz unverwundbar bleiben, weil ihre Glatzen völlig kahl sind – also gibt es für dich nichts, woran du sie packen kannst.
>
> Außerdem sind manche Leser so undankbar, daß sie, selbst wenn sie ein Buch ungemein genießen, keinerlei Zuneigung für den Autor verspüren. Sie sind wie rüde Gäste, die nach einem prächtigen Mahl vollgestopft nach Hause gehen, ohne ihrem Gastgeber ein Wort des Dankes zu sagen. So viel dazu, ob es weise ist, auf eigene Kosten ein Fest des Geistes für ein Publikum von so mäkligem, unvorhersehbarem Geschmack auszurichten, und von so tiefen Gefühlen der Dankbarkeit!

Nichts ändert sich für den Schriftsteller. Die Jahrhunderte ziehen mit ihren wechselnden Gebräuchen, ihren sich ständig verbessernden Kommunikationsverfahren an ihm/ihr vorbei – aber sein/ihr Tun ist so zeitlos wie der Empfang, der diesem Tun bereitet wird.

Und wie wirst Du, wenn Du Romane schreibst, weiter mit Deinen Freunden und Nachbarn leben, die sich darin wiedererkennen werden? Nur um sich wiederzuerkennen, werden sie Deine Bücher verschlingen. Sie werden sich Dir weiterhin anvertrauen, aber sie werden ab und zu innehalten und sagen: ‹Das verwendest du sicher alles in deinem nächsten›, und das schmerzt. Der Autor ist nicht in der Weise Parasit, wie sie annehmen. Zwar wird alles in jenen nicht abstellbaren inneren Computer eingegeben, dagegen läßt sich nichts tun, aber es ist nur der Grundstoff, nicht die Substanz dessen, was dann ausgespieen wird; es kommt noch etwas anderes, seltsam Unpersönliches hinzu. Als benutze der Computer den Autor lediglich als Auge und Ohr; als greife das Schicksal ein und ließe eine bestimmte Person auf eine bestimmte Art handeln, lediglich für die Zwecke der Erzählung. Erst kommt die Literatur, danach das Leben. Der Gedanke ist unerträglich.

Als ob es vorbestimmt wäre, daß Deine Mutter Enid jeden Abend Brötchen zum Aufgehen vorbereitet, für das Frühstück Deines Vaters – nur, damit ein gewisser Absatz in einem gewissen Roman geschrieben werden kann.

Als ob die Stadt der Erfindung nach und nach, Kapitel für Kapitel, aus ihrem Schlummer erwache und schließlich realer würde als das Leben; als ob wir ihre Diener seien, ihre Herolde.

Wenn Du erst Deinen Roman beendet hast, wirst Du wissen, was ich meine.

Herzliche Grüße
Fay

[illegible] Dinge [illegible]

[illegible]

[illegible]

[illegible]

[illegible]

Neunter Brief

«Ich habe nie viel gelesen»

Somerset, März

Liebe Alice,
wie kann denn ich Dir sagen, wie Du Dein Leben führen sollst? Ich bin Schriftstellerin und Deine Tante, keine Seherin. Ich könnte Dir wohl allenfalls ein paar allgemeine Regeln anbieten.
Zum Beispiel:

1. Liebe Deine Mutter, wenn Du irgend kannst, denn sie ist die Quelle Deines Lebens.
2. Liebe Männer, wenn Du irgend kannst, denn sie sind die Quelle Deiner Befriedigung.
3. Gestalte Dich selbst um, ebenso wie die Welt.
4. Pflichte laut und deutlich denen bei, die Dich anklagen. Dann halten sie schneller den Mund.
5. Kümmere Dich weniger um das, was andere Leute über Dich denken, und mehr um das, was Du über sie denkst.

   Ich lasse hinter Nr. 6, 7, 8, 9 und 10 Platz frei, den Du selbst ausfüllen kannst. Revidiere Deine Regeln an jedem Neujahrstag. *Das wahre Geheimnis des Lebens besteht in andauernder Regelrevision.*

Da ist es schon viel vernünftiger, wenn ich Dir ein paar allgemeine Regeln für das Schreiben anbiete:

a. Zeige keinem Deine Arbeit, keinem Freund, keinem Lebensgefährten, niemandem. Sie verstehen nicht mehr davon als Du, aber sie müssen etwas sagen. Wenn Du fertig bist, wird der

Verleger oder Produzent ja oder nein sagen, und das sind die einzigen Wörter, die Du hören mußt.

Du wirst Dich an diese Regeln nicht halten, darum:

b. Was andere Deine Fehler, Deine Schwächen nennen, können, wenn Du sie radikal nützt, Deine Vorzüge, Deine Stärken sein. *Ich* mag zu viele Adjektive und Adverbien nicht – ich sage, wenn ein Substantiv oder ein Verb einer Charakterisierung wert ist, dann gleich richtig, mit einem ganzen Satz. Laß Dir Zeit. Schreibe nicht: ‹Der geschwinde braune Fuchs sprang über den faulen Hund.› Schreibe: ‹In diesem Augenblick geschah es, daß der Fuchs über den Hund sprang. Der Fuchs war braun wie die Haselnüsse in den Hecken und so schnell wie der Bach, der an ihnen vorbeifloß, und der Hund zu faul, auch nur den Kopf zu drehen.› Oder etwas dieser Art. Schreiben ist mehr als das Aneinanderhängen von verständlichen Aussagen; es ist ein Einsammeln von mitschwingender Bedeutung: die gilt es zu ernten wie Brombeeren in einem guten Jahr, reif und schwer, zwischen den Dornen der Logik herauszupicken.

Nachdem ich den beginnenden Schriftsteller so entmutigt habe, allzu viele Adjektive zu gebrauchen, schlage ich Iris Murdoch auf und stelle fest, daß sie achtzehn Stück hintereinander verwendet. Es funktioniert. Was in kleinen Mengen eine Schwäche ist, wird in Überdosis zum Stil. Also hüte Dich vor jedem, der Dir das Schreiben beizubringen versucht. Bring es Dir selbst bei. Du stehst allein da. Du wirst nie besser sein, als Du es nach Deinem eigenen Urteil bist, und Du wirst nie zufrieden sein mit dem, was Du machst. Der Ehrgeiz wird die Leistung immer überflügeln, und so soll es auch sein.

Die Punkte c, d, e und f kannst Du selbst einfügen.

Du hast mir die Handlung Deines Romans in einer Nußschale mitgeteilt. Es klingt absolut fürchterlich. Aber *Stolz und Vorurteil* klingt auch fürchterlich, wenn man die Handlung in eine

Nußschale packt. (Jetzt weiß ich es! Fuhren nicht Hexen früher in Nußschalen zur See? Auch falsch! In Eierschalen, belehrt mich ein Freund. Darum drehen Kinder die Schale ihrer gekochten Eier um und schlagen die Kuppe ein. Um den Hexen einen Streich zu spielen. Und ich dachte immer, das habe nur wieder mit ihrer Neigung zu tun, mich die Trümmer ihres Selbstausdrucks forträumen zu lassen. Aber ich habe als Kind meine Eierschalen kaputtgemacht, Deine Mutter auch, also nehme ich an, Du tust es ebenfalls. Das gehört zu den Dingen, die sich vererben, wie Lebenserwartung, wogende Felder und Frostblasen.)

Ich will Dir sagen, daß der Hauptfehler junger Schriftsteller ihre Angewohnheit ist, über ihr Liebesleben und das ihrer Freunde zu schreiben, weil das den wirklich erwachsenen Leser so langweilt. Was jungen Leuten aufregend und erstaunlich vorkommt, empfindet der erfahrenere Beobachter als unglaublich trivial und öde; und ich möchte Dir vorschlagen zu warten, bis Du dem einen oder andern echten Problem begegnet bist und Dich ein bißchen besser kennst und Deine gute Meinung von Dir eingebüßt hast, und Dich auf Dein Studium zu konzentrieren, das Deinen Eltern so überaus wichtig ist; und dann werden die Ereignisse zeigen, daß ich unrecht hatte und Du im Recht warst. So etwas kommt vor.

Ich irre mich in zwei von fünf Fällen. Nach meinem Eindruck irren andere Leute in zweieinhalb Fällen von fünf. Kann man das Erfolg nennen? Ich kenne eine Hirnchirurgin. Sie schneidet mit Laserstrahlen in den Hirnen von Menschen herum, die sterben werden, wenn sie nichts unternimmt. Manchmal heilt sie ihren Patienten völlig, manchmal tötet sie ihn schnell, manchmal vegetiert er danach noch lange Zeit dahin. Aber jemand muß etwas unternehmen. Und ihre ‹Vegetationsquote›, wie sie das nennen, ist zwei von zehn und nicht wie bei ihren Kollegen drei von zehn, und ihre Todesquote auch, und darum gilt sie als die Beste auf ihrem Gebiet. Und ist es. Die Leute stehen Schlange – wenn man das von Menschen im Koma sagen kann –, um von ihr operiert zu werden.

Dein Roman handelt von einem jungen Mädchen, das englische Literatur studiert und sich in seinen Professor verliebt, der mit jemandem nicht Liebenswerten verheiratet ist, und davon, wie der Freund des Mädchens reagiert, nämlich unerwartet. (Das heißt, genau so, wie ich es erwarten würde, die ich die Schlechtigkeit der Menschen ganz gut kenne.) Er hat eine Affäre mit der nicht Liebenswerten. Das ist alles offensichtlich autobiographisch. Mein Rat lautet: sieh Dir die nicht Liebenswerte noch einmal genau an. Du könntest Dich in ihr täuschen.

Darf ich Dich außerdem darauf hinweisen, daß Dein Verliebtsein ein Beispiel für jene bereits erwähnten Ablenkungstaktiken ist, mit denen Schriftsteller sich herumquälen; denn laut Deinem ersten Bericht über diesen Roman handelte er von einem jungen Mädchen, das englische Literatur studiert, sich in einen Mitstudenten verliebt und so lesbischen Tendenzen entkommt. Indem Du Deine Ergebenheit auf den Professor verlagert hast, hast Du den Ablauf Deines Romans verändert – oder solltest das wenigstens tun, wenn nicht eine bloße Episodenfolge daraus werden soll – und damit die Beendigung hinausgeschoben.

Warum entliebst Du Dich nicht, läßt den Professor sausen und kehrst zu Deiner ersten Fassung zurück? Aber das tust Du eben nicht, fürchte ich. Ich fürchte vielmehr, Du wirst noch eine dritte Fassung schreiben müssen, über ein junges Mädchen, das sich von einem verheirateten Professor entliebt – und so weiter. Und wird der Freund dann zu Dir zurückkommen? Möglicherweise nicht, weißt Du. *Du* weißt, daß er Teil Deines Romans ist, aber *er* glaubt, zu Recht oder Unrecht, er lebe in der wirklichen Welt.

Wenn Du so weitermachst, wird das nie ein Ende haben und Dein Roman, fürchte ich, auch nicht.

Laß mich Dir jetzt ganz ernsthaft über *Die Abtei von Northanger* schreiben.

Ich muß Dir aber etwas anvertrauen. Nach dem vorletzten Satz streckte ich die Hand nach dem Buch aus und stellte fest, daß es nicht hier ist. Ich habe mein Exemplar irgendwo liegenlassen, in Abu Dhabi oder New York oder Colchester, woher soll ich das wissen? Worauf ich weinte, Vorwürfe verstreute, den gesamten Haushalt aus dem Gleis brachte und die fixe Idee entwickelte, ich hätte nicht genügend Bücherregale. Du siehst, Schreiben ist ein einziges Opfer, vor allem von seiten derer, die dem Schriftsteller die Nächsten und Liebsten sind. Glaube nicht, Rat und Unterweisung zu geben sei leicht. Die eigene Kühnheit läßt einen am ganzen Körper erbeben. Weit lieber als einen Brief an Dich, Alice, schriebe ich eine Kurzgeschichte. Dann könnten die Leute sich nur beklagen, ich sei langweilig; sie könnten nicht sagen, ich sei im Irrtum, oder mich der Vermessenheit beschuldigen, wie Du es tun kannst. Du *fragst*, aber ich habe den Verdacht, Du willst nicht wirklich, daß ich antworte; und nach dem, was ich im Moment mit mir erlebe, bin ich dazu auch gewiß nicht fähig. Ich? Rat geben?

Ich bin schon viel ruhiger. Ich fühle mich schuldig, wie es Frank Churchill in Emmas Augen war, weil ich mich ‹ganz und gar gehengelassen› habe, und nachdem ich reihum allen andern die Schuld gegeben hatte, schob ich sie Dir zu. Dann fuhr ich die zehn Kilometer zu der Buchhandlung in Castle Carea, kaufte ein neues Exemplar der *Abtei von Northanger*, fuhr die zehn Kilometer zurück, hörte im Autoradio John Tydeman wundervoll *Emma* lesen, änderte beinahe meine Meinung, was die Langweiligkeit einiger Kapitel angeht, und genoß einmal wieder das Picknick, zu dem alle gingen, um glücklich zu sein, und bei dem keiner es war: es war viel zu heiß; Mrs. Elton tyrannisierte Jane Fairfax und Emma war so entsetzlich unfreundlich zu Miss Bates. Emma ließ ihrer Zunge freien Lauf; für einen Augenblick zog sie die Befriedigung über eine gereizte, witzige Bemerkung der Befriedigung vor, gut und freundlich zu sein, gestattete es einer brüsken Wörterkette, das zarte Gewebe menschlicher Reaktionen zu zerreißen, und handelte sich so Gewissensbisse und Mr. Knightleys Tadel ein. Wegen einer so winzigen Sache! Frank Churchill schlägt vor, jeder solle drei Dummheiten sagen. Nach Komplimenten heischend, erbietet sich Miss Bates dazu. Emma sagt daraufhin, in Klartext übersetzt: das wird aber schwierig werden – nur drei! Wann sagen Sie schon etwas anderes als Dummheiten, Miss Bates? Und Miss Bates, am Boden zerstört und öffentlich gedemütigt, sagt: ich muß es lernen, meine Zunge zu zügeln.

In welchem Maßstab wir unser Leben auch leben, wie angefüllt mit Ereignissen, Sex, Scheidungen, Krebs, dem Erwerb und Verlust von Vermögen, mit öffentlicher Anerkennung oder Billigung es auch sein mag – immer wieder kommt es darin zu solchen flüchtigen, schmerzlich intensiven Siedepunkten, bei denen winzige Vorfälle gewaltige Dimensionen annehmen. Ein Picknick auf Box Hill an einem Sommertag, an dem alles schiefgeht: daran wird man sich im wirklichen Leben künftig erinnern, aber nie ganz direkt. Das Denken schlüpft davon, schlägt eilig einen Haken, schaltet schnellstens bei kreischendem Getriebe in den Rückwärtsgang, wenn es auf diese kleinen, garstigen Erinnerungen stößt, die nicht als wichtige Lebensereignisse zählen, es nicht verdienen, daß man sie ‹aufarbeitet›, sondern einfach vorhanden sind, und man wünschte, es gäbe sie nicht. Fettnäpfchen, in die man getreten ist, höchst peinliche Momente, Reizungen der Seele, die zu bösartigen Wucherungen führen können. Lange Jahre bei einem Psychoanalytiker können sie glätten, aber sich *Emma* im Radio anzuhören ist auch nicht schlecht dagegen, denn so hat man teil an dem erzählerischen Verständnis nicht nur der *Emma*-Autorin, sondern auch an dem all ihrer Leser. Eine organisierte Reise in die Stadt der Erfindung!

Alice, erscheint es nicht auch Dir unglaublich, dieses Phänomen der (mit)geteilten Phantasie? Ich kann mich nie daran gewöhnen. Vielleicht haben heute nachmittag eine halbe Million Leute *Emma* zugehört; ein paar Hunderttausend davon werden das Buch bereits gekannt haben; und ein paar tausend werden zusammen mit mir sehnlichst gewünscht haben, Emma möge es *nicht* sagen, obwohl wir doch alle wissen, daß sie es sagen wird:

> Miss Bates: «Drei richtige Dummheiten, das ist gerade das richtige für mich, wisse Sie. Ich bin sicher, ich brauche nur den Mund aufzutun, dann sage ich drei Dummheiten, nicht wahr?» (Sie schaute in die Runde in der heitersten Erwartung, daß alle zustimmten.) «Meinen Sie nicht auch?»
>
> Da konnte Emma nicht widerstehen.
>
> «O Ma'am, vielleicht ist es doch nicht so ganz einfach. Verzeihen Sie – aber Sie müssen sich an die gewünschte Zahl halten – nur drei auf einmal.»

Alice, Emma lebt!

Oder laß es mich anders ausdrücken, für den Fall, daß Dich das verlegen macht und mit den Füßen scharren läßt. (Es gibt mehr Methoden, jemanden zu Jane Austen zu bekehren, als Du denkst.) Im ganzen Land blieben Werkzeuge in der Luft hängen, und Auspuffrohre hielten ihren Dampf an, und gärtnernde Damen ließen ihre Handschuhe ruhen, und Autos hielten an, als Emma das sagte – als jene andere Welt in diese hier eindrang. Das tut sie nämlich immer öfter, weißt Du. Wir vereinigen uns in unseren gemeinsamen Phantasien; das ist unsere Art und Weise, Grenzen zu überschreiten, die uns die Herrschenden versperren wollen. E. T. und dergleichen ist unser wahres Verständigungsmittel. Hand in Hand verläßt die Menschheit die schäbigen, unvollkommenen Gebäude der Wirklichkeit und zieht hinüber in die Stadt der Erfindung.

(Vermutlich kommt Dir das ganz normal vor. Für Dich hat die Welt schon immer am Rand der erfundenen Über-Wirklichkeit gebebt: Du hast Dr. Scott und das Raumschiff Enterprise im Blut. Mir nimmt dieses Phänomen immer noch den Atem.)

Okay. Zurück zu *Die Abtei von Northanger*. Du mußt immer mehr auf der Hut sein, wenn Du Sachliteratur liest, wie ich das verächtlich nenne, als wenn Du erzählende Literatur liest. Und denk daran, ein Brief zählt als Sachliteratur. Also Vorsicht, Alice. Benutze das, was ich sage, wie einen Sack mit ziemlich staubigem, braunem Reis, dem Du in gewissen Abständen ein paar Tassen voll entnimmst, um daraus köstliche, nahrhafte Gerichte zu bereiten. (Du erwähnst in Deinem Brief, daß Du Vegetarierin bist. Dein marxistischer verheirateter Professor für Volkswirtschaft ist ebenfalls Vegetarier. Das erstaunt mich. Marxisten essen im allgemeinen Fleisch. Es sind die weicheren, mehr liberalen Linken, die vor kurzem noch lebendig gewesene Nahrung feinsinnig meiden.) Vergiß nicht, daß das, was ich sage, nicht das Gericht ist, sondern bloß eine Zutat von einschläfernder Wirkung, die Du nach Belieben verwenden kannst. Verlaß Dich auf *Dein* Urteil, Alice, nicht auf meines.

Persönlich mag ich braunen Reis überhaupt nicht. Ist schwer zu schlucken. Bleibt einem in der Gurgel kleben.

Verlaß Dich auch auf Deinen Instinkt, Alice, aber denk daran, daß es unanständig ist, den Kopf zu schütteln und zu sagen: ‹Ich weiß, was ich mag›; denn bis Du diese beiden recht verschiedenen Tätigkeiten, wissen und mögen, unter einen Hut gebracht hast, können Dir beide schon irgendwie abhanden gekommen sein. Sie haben sich gegenseitig gelähmt; siamesische Zwillinge, aneinander gefesselt, die auf höchst zerstörerische Weise auf die Welt einprügeln.

Begib Dich als Leserin voller Hoffnung auf die Reise. Behalte Dein Vertrauen, solange Du irgend kannst. In meinem Badezimmer liegen sieben halb gelesene Thriller. Ich versuche, schlechte Literatur so lange zu ertragen wie nur möglich, in der Hoffnung, daß ich doch noch fasziniert werde und in Trance gerate. (Mit schlechter Literatur meine ich ungenau geschriebene, an Gedanken und Gefühl ärmliche Literatur, doch davon später mehr.) Und wie genieße ich es, wenn dann ganz selten einmal ein guter, intelligenter, gut gearbeiteter Thriller auftaucht!

Alice, ich muß jetzt aufhören. *Die Abtei von Northanger* wird bis zum nächsten Brief warten müssen. Der Roman wurde ungefähr 1798 geschrieben, als Jane Austen Anfang Zwanzig war; er wurde an einen Verleger geschickt, der ihn kaufte, aber zehn Jahre lang unveröffentlicht liegen ließ. Ich habe ein gewisses Mitgefühl mit ihm. Es ist kein Vergnügen, verspottet zu werden.

Im Jahr 1798 überfiel Napoleon Europa, und Janes wilde Cousine (die den Ausländer geheiratet hatte, einen französischen Royalisten, und auffällige Kleider trug) war mit ihrem kleinen Sohn nach England geflohen; und Janes Tante (die Frau des Bruders ihrer Mutter) wurde wegen Ladendiebstahls angeklagt, wofür die Strafe im schlimmsten Falle Tod durch den Strick und im besten Verbannung war; und Gott weiß was für fürchterliche Dinge geschahen in Irland, und Jane Austen schrieb *Die Abtei von Northanger*, und die schlimmste Sache, die darin passiert, ist, daß Catherine bei dem Vater ihres Freundes, General Tilney, plötzlich in Ungnade fällt und nach Hause geschickt wird.

Alles Liebe,
Tante Fay

PS. Mrs. Leigh Perrot wurde freigesprochen, aber erst, nachdem sie in Erwartung des Prozesses viele Monate im Gefängnis verbracht hatte. Sie hätte sich bei dem Ladeninhaber freikaufen können, wie der es erwartete, aber Mr. Leigh Perrot sagte: ‹Nein, ich werde mich einer Erpressung dieser Art niemals beugen!› Mit dieser Geschichte soll meistens demonstriert werden, was für ein bewundernswert nobler, sympathischer Mann Mr. Leigh Perrot war. Ich jedoch sehe darin nur einen weiteren Beweis für die These: wenn ein Mann ein Prinzip hat, muß eine Frau dafür zahlen. *Er* glaubt an Ehre; *sie* bleibt im Gefängnis.

Zehnter Brief

«Bist du sicher, daß sie alle gräßlich sind?»

London, April

Liebe Alice,

ich möchte Dir eine Geschichte erzählen, die Du nicht glauben wirst. Vor ein paar Jahren brachte mich nach einer Party ein Kunsthändler in seinem Wagen nach Hause, und neben mir auf dem Sitz lag ein in braunes Papier eingeschlagenes Paket. Ich legte die Hand darauf und stellte fest, daß es sich warm anfühlte. Bücher und Akten, die daneben lagen, fühlten sich normal kühl an. Ich erwähnte das dem Kunsthändler gegenüber, und er sagte: «Na klar, das ist ein Lowry. Heiße Ware.» Ich nahm meine Hand ziemlich schnell weg. Später machte er das Paket auf und zeigte mir das Bild. Ich bin keine Bewunderin von Lowrys Werk. Ich finde es ganz nett und überlasse es denen, die mehr davon verstehen als ich, ihn zu verehren. Deiner Mutter, zum Beispiel. (Als die Qualitäten zwischen ihr und mir aufgeteilt wurden, erhielt sie einen Sinn für Visuelles und ich das Sprachgefühl. Wie das bei Geschwistern so ist: zusammen würden sie ein ganz brauchbares Geschöpf ergeben.) Also kann es nicht daran gelegen haben, daß ich dem Paket, wie telepathisch auch immer, eine heiße Ausstrahlung zuschrieb. Ich konnte mir nur vorstellen, daß die intensive Beachtung anderer Leute ein bloßes Bild zu einem heißen Kunstobjekt machte. Lowry war gerade gestorben; sein Name war in vieler Munde, sein Werk vielen klar im Bewußtsein – zumindest in der seltsamen kulturellen Schattenwelt, der wir angehören.

Da nun Leute, die sich mit Teilchenphysik beschäftigen, uns versichern, daß ein Teilchen sich schon dadurch verändert, daß es beobachtet wird, können wir niemals wirklich wissen, wie etwas ist, weil das Wissen in Konflikt steht mit dem, was wir zu wissen wünschen. Also wundert es mich nicht, daß ein so mit Beachtung getränktes Gemälde seine Eigenart verändert. Sich aufheizt. Heiße Ware!

Ich habe Dir gleich gesagt, Du würdest mir nicht glauben.

Und doch habe ich mehr als einen Literaturkritiker oder Juror, keineswegs auffällig betrunken, den gebeugten Kopf heben und sagen hören: «Sagen Sie es niemandem, ich weiß, es ist verrückt. Aber mit der Zeit wissen Sie, ob ein Manuskript etwas taugt oder nicht, wenn Sie es in die Hand nehmen, noch bevor Sie es aufgeschlagen haben. Man fühlt es ihm einfach an.»

Und nachdem sie einem diesen absurden Blödsinn anvertraut haben, fallen sie wieder in ihren Tran, die Lähmung der Überbelesenen. Der Zwang zum Urteilen verdünnt am Ende das Blut. Sie wären die ersten, die mir beipflichten würden: sie sind die Sklaven der Muse, keine ehrbaren Kleinbauern. Sie gebraucht und mißbraucht sie, jagt sie auf undankbare Botengänge – und doch, sie lieben sie. Und es ist eine noble Berufung: schließlich ist es ihr Urteil, das den Schriftsteller oder Maler auf die seltsam sprunghafte, halsbrecherische Reise zum Gipfel seiner Disziplin schickt. Heiße Ware!

Verzweifelte Möchtegern-Autoren schicken manchmal an jene Theateragenturen, die ihre Werke abgelehnt haben, unbekannte Stücke von berühmten Leuten. Wenn auch diese abgelehnt werden, erklären sie überall: ‹Da seht ihr's. Wir sind dem Urteil inkompetenter, voreingenommener Leute ausgeliefert! Wir wußten es immer schon. Das war ein Tschechow-Stück (zum Beispiel), das sie da abgelehnt haben!›

Aber es scheint mir, als färbe das Ansehen eines Autors auf

sein Werk ab. Als sei ein von Ibsen geschriebenes Stück, zu dem er sich bekannt hat, ein anderes und besseres Stück als eines, das Ibsen schrieb und Herr Namenlos als seines ausgibt. Dem ersten haftet der konzentrierte Zauber der Aufmerksamkeit von Millionen an; ein Einverständnis, daß da wirklich etwas Besonderes dran ist. Du brauchst Dich nicht anzuschließen (wie ich im Fall Lowry, oder vielmehr: *nicht* im Fall Lowry), aber Du weißt, es ist da. Das letztere besteht lediglich aus Wörtern auf Papier, interpretiert von professionellen Theatermachern. Es wird ein Nicken und ein Schnarchen und, wenn Herr Namenlos Glück hat, ausbleibenden Protest ernten. Nicht mehr.

Aber wie schwierig ist dann der Anfang für einen Schriftsteller, wirst Du sagen. Und ob. Das wissen wir alle. Worauf die Kritiker plötzlich ihre Köpfe hochschnellen lassen, einen mit glänzenden, verblüffend entschlossenen Augen fixieren und sagen: «Aber dafür sind doch wir da. Wenn es uns nicht gäbe, liefe nie etwas heiß.»

Die Abtei von Northanger, 1798. Irgendwann wurde das Manuskript dann doch zu einer heißen Ware.

Es ist ein herrlich ausgelassener Roman. Jane Austen macht sich damit über die Art von Romanen lustig, die der Verleger Crosby sonst publizierte, die romantischen Schauerromane. Er kaufte ihn ein – wie konnte er eine so geistreiche, charmante Geschichte auch ablehnen – und ließ ihn beleidigt liegen.

> Die Heldin Catherine:
> Sie hatte ihr siebzehntes Lebensjahr erreicht, ohne einem liebenswerten Jüngling zu begegnen, der ihre Zuneigung hätte erwecken können, ohne selbst Leidenschaft erzeugt, ohne auch nur eine mehr als recht bescheidene und vergängliche Bewunderung hervorgerufen zu haben. Das war wirklich seltsam. Aber im allgemeinen lassen sich auch seltsame Dinge erklären, wenn man sorgfältig nach ihrer Ursache forscht. In der ganzen Umgebung gab es nicht einen Lord – nein, nicht einmal einen Baron. In ihrer

ganzen Bekanntschaft keine Familie, die einen Findling aufgezogen hätte, nicht einen einzigen jungen Mann von dunkler Herkunft. Ihr Vater besaß kein Mündel und der Schutzherr der Gemeinde keine Kinder.

Aber wenn nun einmal eine junge Dame zur Heldin vorausbestimmt ist, kann selbst diese Absonderlichkeit von vierzig benachbarten Familien es nicht verhindern. Etwas muß und wird geschehen, um einen Helden in ihren Weg zu werfen.

Es ist doch interessant, nicht wahr, daß Jane Austen in ihren späteren Romanen ernst nahm, was sie in ihrer Jugend nicht ernst nehmen konnte. Hier macht sie sich lustig – nein, das ist ein zu starkes Wort, aber sie stochert mit einem amüsiert-bewußten Finger im Stoff ihrer eigenen späteren Erzählungen herum: Liebe auf den ersten Blick (Jane und Bingley), Lords in der Nachbarschaft (Darcy), Mündel (Fanny Price und Emma in *Die Watsons*), junge Leute dunkler Herkunft (Harriet Smith). Ich denke, vor allem dieser untergründigen Heiterkeit wegen haben künftige Generationen sie so ins Herz geschlossen; eine Beschwingtheit, die sie verloren hatte, als sie bei dem wehmütigeren *Mansfield Park* und dem eher düsteren Roman *Überredungskunst* angekommen war. Diese Beschwingtheit hat sie selbst vielleicht nicht besessen; sie ist, wie ich gern meinen Zuhörern erkläre – und davon habe ich in letzter Zeit eine Menge gehabt, Alice –, eine literarische, keine autobiographische Wahrheit.

Wie können Sie, sagen meine Zuhörer zu mir, verheiratet sein, Söhne haben und doch Männern gegenüber so böse sein? Und ich antworte: 1. ‹Ich bin weder Männern böse noch Männern gegenüber, ich schildere sie nur so, wie ich sie sehe. Weder bin ich nachsichtig noch tadle ich, ich schildere lediglich. Nur sind Männer so daran gewöhnt, in Büchern von Frauen geschmeichelt dargestellt zu werden, daß sie die schlichte Wahrheit als Schock empfinden und als parteiisch und unfair wahrnehmen.› – Wenn ich damit nicht durchkomme, rette ich mich zu

2. ‹Dies ist die literarische Wahrheit, nicht die autobiographische. Der Autor ist nicht identisch mit dem Menschen, und doch sind beide wahr.›

Ich halte es für durchaus möglich, daß die Autorin Jane Austen sich sehr von der Person Jane Austen unterschied.

Entsprechend glaube ich auch, daß sie aus denselben Gründen niemanden geheiratet hat, aus denen der Verleger Crosby *Die Abtei von Northanger* nicht veröffentlichte. Es war einfach alles zu viel. Etwas wahrhaft Furchterregendes rumorte da unter der sprudelnden Heiterkeit; als sei da jemand imstande, die Welt bei den Fersen zu packen – wie eine Mutter ein erstickendes Baby packt – und zu schütteln; große, schlammige Brocken von Barbarei, Einsichtlosigkeit und Grausamkeit aus der Welt herauszuschütteln und sie heiler wieder auf die Füße zu stellen. Sie wußte mehr, als ihr guttat, verstehst Du.

> Die Vorteile natürlicher Torheit bei einem schönen Mädchen sind bereits von der vorzüglichen Feder einer Autorin-Schwester hervorgehoben worden – und ihrer Behandlung des Themas möchte ich der Gerechtigkeit gegenüber den Männern wegen lediglich hinzufügen, daß zwar für den größeren und belangloseren Teil dieses Geschlechts Hirnlosigkeit bei Frauen deren persönliche Reize sehr erhöht, daß jedoch ein Teil von ihnen zu verständig und selbst zu gebildet ist, um sich von Frauen mehr zu wünschen als Unwissenheit.

Kannst Du Dir das vorstellen?

‹Und tanzen Sie, Miss Austen, möchten Sie tanzen? Sie hübsches, unbesonnenes, kleines Ding mit ihrem festen, schmalen Körper, Ihrer reinen Haut und Ihrem netten Gesicht, das vielleicht ein wenig zu voll ist, um wirklich schön zu sein – möchten Sie tanzen?› Nein!

Catherine und Ihre Freundin Isabella in *Die Abtei von Northanger* besuchen einander trotz Schmutz und Nässe und schließen sich ein, um sich zusammen mit Romanen zu beschäftigen:

Ja, mit Romanen, denn ich will nicht in den kleinlichen und ungeschickten Fehler der meisten Romanschriftsteller verfallen, die sich durch die verächtliche Kritik der Werke, die sie mit ihren eigenen Schöpfungen vermehren, ihren ärgsten Feinden anschließen. Nicht einmal ihrer eigenen Heldin gestatten sie, Romane zu lesen; nimmt sie aber zufällig einen solchen in die Hände, wird sie seine geschmacklosen Seiten sicher voll Abscheu umwenden. Ach, wenn die Heldin des einen Romans nicht von der Heldin eines anderen in Schutz genommen würde, wer sollte sich dann wohl ihrer annehmen und sie beschützen? Da kann ich nicht mitmachen! Überlassen wir es doch den Kritikern, die Früchte der Phantasie nach Belieben zu tadeln und sich über jeden neuen Roman in jenen fadenscheinigen Tiraden zu ergehen, unter denen jetzt die Presse stöhnt. Wir aber wollen einander nicht im Stich lassen, denn man greift uns als Gesamtheit an. Obgleich unsere Werke ausgedehntere und natürlichere Freude ausgelöst haben als andere literarische Schöpfungen, sind sie doch mehr verunglimpft worden als jede andere Art des Schrifttums. Wir besitzen mindestens ebensoviel Feinde wie Freunde. Während die Fähigkeiten des neunhundertsten Bearbeiters der Geschichte von England oder des Mannes, der in einem Sammelband etliche Verse von Milton, Pope und Prior, einige Spalten aus dem ‹Spectator› und ein Kapitel von Sterne veröffentlicht, von tausend Federn gepriesen werden, unterschätzt und verspottet man die Leistungen eines Romanschreibers und schmälert den Wert von Arbeiten, die sich nur durch Geist, Witz und Geschmack empfehlen. «Ich gehöre nicht zu den Romanlesern. – Ich schaue selten in Romane hinein. – Bitte, stellen Sie sich nicht vor, daß ich häufig Romane lese. – Für einen Roman ist das Buch eigentlich ganz nett.» So lautet das übliche Gerede. «Und was lesen Sie gerade, Miss . . .?» «Oh, nur einen Roman!» erwidert die junge Dame und legt mit gezwungener Gleichgültigkeit oder plötzlicher Scham das Buch auf den Tisch. «Es ist nur ‹Cecilia› oder ‹Camilla› oder ‹Belinda›», kurz ein Werk, das die größten Geisteskräfte und beste Menschenkenntnis verrät, die treffendste Abwandlung menschlicher Eigenart, lebhaften Witz und gute Laune in der gewähltesten Sprache vermittelt. Wenn aber dieselbe junge Dame soeben in einen Band des ‹Spectator› vertieft gewesen wäre, wie stolz würde sie das Buch vorzeigen und seinen Titel nennen! Obgleich es für sie nachteilig wäre, sich mit irgendeiner dieser umfangreichen Veröffentlichungen zu beschäftigen, die entweder im Gegenstand oder in der Art der Wiedergabe einen jungen Menschen von Geschmack entsetzen müßten – denn sie handeln so häufig von unwahrscheinlichen Umständen, unnatürlichen Charakteren und von Gesprächsstoffen, die für keinen Lebenden mehr interessant sind, und ihre Sprache ist obendrein oft so grob, daß sie keinen sehr günstigen Eindruck von dem Zeitalter vermitteln, das dergleichen ertragen konnte.

«Unwahrscheinliche Umstände, unnatürliche Charaktere!» Von ihnen ist die wirkliche Welt erfüllt, während die Stadt der Erfindung weitaus vernünftigere Gestalten bevölkern, mit natürlichen, folgerichtigen Charakteren. Wo es in dieser Stadt eine Wirkung gibt, da gibt es auch eine Ursache; es gibt Grund, Sinn und Bedeutung; es ist ein wunderbarer Ort. Jane Austen wußte das.

Ich glaube kaum, daß es Dir schwerfallen wird, *Die Abtei von Northanger* zu lesen, aber da Du schreibst, daß Du beim fünften Kapitel Deines Romans angekommen bist, der nun den Titel *Die Rache der Ehefrau* tragen soll, bleibt Dir vielleicht nicht viel Zeit zur Verfügung; also gebe ich Dir einen kurzen Überblick über die Handlung.

Du siehst, ich habe angesichts der Mißbilligung Deines Vaters doch ein etwas schlechtes Gewissen, Dich in Deinen literarischen Plänen zu ermutigen. Nur wenn Du es außerdem schaffst, Deine Prüfungen zu bestehen, bin ich gerechtfertigt; kann diese Familie wiedervereint werden. Wenn Du durchfällst, bekomme ich die Schuld zugeschoben, nicht Du, also mußt Du Dich nicht ungebührlich unter Druck gesetzt fühlen.

Die Abtei von Northanger, 1798. Der Roman beginnt als literarische Burleske und endet als eine ernsthafte Erzählung, in der die Heldin – oder Anti-Heldin – richtige, reale, wiedererkennbare Gefühle erlebt, die durch gesellschaftlichen Gesichtsverlust und öffentliche Demütigung ausgelöst werden. Catherine Morland, die sich für die Saison in Bath aufhält, wird zu einem Besuch auf den alten Besitz der Familie ihres Verehrers Henry Tilney eingeladen, in die Abtei von Northanger. Gemessen an Catherines Gruselerwartungen wirkt die Abtei enttäuschend:

> Die Einrichtung war reich und elegant und entsprach modernem Geschmack. Statt des geräumigen alten, mit wuchtigen Schnitzereien alter Zeiten verzierten Kamins sah sie einen einfachen, aber mit schönen Marmorplatten verkleideten Rumfordofen und auf dem Sims das reizendste englische Porzellan. Die Fenster, auf die sie ihre ganze Hoffnung gesetzt hatte, entsprachen noch weniger ihren Vorstellungen. Gewiß war der Spitzbogen beibehalten und ihre äußere Form gotisch. Aber das Maßwerk füllten Flügelfenster, und jede einzelne Scheibe strahlte groß, hell und licht. Da sie Butzenfenster in wuchtigem Steinwerk vorzufinden gehofft hatte, war die Enttäuschung niederschmetternd.

Henrys Vater, General Tilney, erregt jedoch ihr Mißtrauen. Es gibt da ein gewisses Zimmer, das niemand betritt, und die Frau des Generals ist unter Umständen gestorben, die man mysteriös nennen kann. Als Henry ihren Verdacht, der nun schon recht zwanghaft geworden ist, entdeckt, nimmt er ihr mit Witz, Fürsorge und Freundlichkeit ihre Illusionen. Einen edleren Liebhaber als ihn wirst Du in der Austen-Gesamtausgabe kaum finden. Sie scheinen kurz vor der Verehelichung zu stehen. Doch da wird Catherine von dem General plötzlich und sehr unhöflich fortgeschickt; mit der Kutsche wird sie nach Hause befördert – eine lange, unbequeme und einsame Reise.

> Was hatte sie getan oder was unterlassen, um einen solchen Wechsel hervorzurufen?
>
> Das einzige Vergehen, dessen sie sich beschuldigen konnte, hatte ihm kaum zu Ohren kommen können. Nur Henry und ihr eigenes Herz waren mit dem entsetzlichen, ihrer überreizten Phantasie entsprungenen Verdacht vertraut, und bei beiden war

> ihr Geheimnis gleich sicher. Sollte sein Vater aber wirklich durch einen widrigen Zufall Kenntnis von ihren grundlosen Einbildungen und beleidigenden Untersuchungen erhalten haben, dann erstaunte sie über das Ausmaß seines Zornes nicht. Wenn er es erfahren hatte, daß sie ihm einen Mord zugetraut hatte, verwunderte es sie nicht mehr, so aus dem Hause gejagt zu werden. Aber diese für sie so qualvolle Rechtfertigung hielt sie nicht für möglich.
>
> Diese Vermutungen allein beanspruchten jedoch nicht alle ihre Gedanken. Es gab noch eine näherliegende, vorherrschende Sorge. Wie würde Henry denken und fühlen und sich dazu stellen, wenn er morgen in Northanger von ihrer Abreise erfuhr?

Geschehen jedoch ist, daß der General herausgefunden hat, daß sie nicht die Erbin ist, für die er sie unvernünftigerweise gehalten hatte – er ist genauso paranoid wie sie, und in gewisser Weise geschieht ihr das recht. (Das Wort ‹paranoid› war zu jener Zeit glücklicherweise völlig unbekannt. Ich meine, wir haben zu viele solcher Axt-Wörter, die unsere Sensibilität mit einem einzigen scharfen Hieb durchhauen.) Henry bietet seinem Vater die Stirn und heiratet Catherine trotz dessen Mißbilligung. Der Roman schließt so:

> Vielleicht ist es sogar recht günstig, im Alter von sechsundzwanzig und achtzehn Jahren ein vollkommenes Glück zu beginnen, und ich persönlich behaupte, das ungerechte Dazwischentreten des Generals war ihrem Glück eigentlich weniger schädlich als vielmehr recht förderlich, weil es ihr gegenseitiges Kennenlernen begünstigte und ihre Verbindung noch stärkte. Und so überlasse ich dem, der sich dazu berufen fühlt, die Entscheidung, ob es der Grundgedanke dieses Werkes war, väterlicher Tyrannei oder kindlichem Ungehorsam das Wort zu reden.

Was meinst *Du*, Alice, da Dich das etwas angeht? Sie spricht Dich noch immer an, und sie weiß, daß Du da bist. Du, der Leser, bist an dieser literarischen Wahrheit ebenso beteiligt wie die Autorin.

Wenn ich zu Möchtegern-Schriftstellern sage, aber ihr müßt an eure Leser denken, dann meine ich genau das. Nicht, daß man auf einen Markt Rücksicht nehmen und für seine Bedürfnisse produzieren soll, sondern daß es gilt, großzügig von sich selbst abzusehen und sein Handwerk so zu gebrauchen, daß es Energie und Lebendigkeit und Engagement vermittelt; und wenn man das richtig macht, dann wird das Handwerk als Kunst verstanden. Du mußt nach etwas streben, damit Deine Leser das gleiche tun können.

Alles Liebe von
Tante Fay

Elfter Brief

«Ein jährliches Einkommen ist eine ernste Sache»

London, Mai

Liebe Alice,
ich bin von einer Publicity-Tour durch Dänemark zurück. Heute lebende Autoren müssen von Zeit zu Zeit andere Länder besuchen, um ihre Werke bekannter zu machen. Bei ihrer Ankunft gibt man ihnen einen Zeitplan in die Hand und einen Vertreter des Verlags zur Seite, der sich um sie kümmert. Dann sitzen sie in ihrem Hotelzimmer und geben in stündlichem Abstand Presse-Interviews; sie treten im Fernsehen auf und sprechen im Radio; sie signieren ihre Bücher in Buchhandlungen und halten Vorträge an der örtlichen Universität; sie essen mit Verlegern und Buchclubchefs zu Mittag und frühstücken, wenn sie vernünftig sind, allein. Zum Nachdenken bleibt keine Zeit; man spielt nur seine Rolle. Wenn man Glück hat, gibt es für spätabends ein Fernsehgerät im Hotelzimmer (nicht in Holland, wo das Fernsehen als ordinär gilt) und für frühmorgens im Badezimmer Badeol und Duschhaube. Wenn vor dem Abflug noch eine Stunde Zeit bleibt, wird einem eine Stadtrundfahrt geboten.

Inzwischen hat sich für solche Besuche eine Etikette herausgebildet; es gibt Regeln, wie man sich zu benehmen hat und wie nicht, aber die nennt einem keiner. Vor gewissen Dingen hat man sich zu hüten, aber die muß man selbst herausfinden. Zu diesem Zweck habe ich eine Short Story angefangen, die ich nie fertigschreiben werde, das weiß ich schon; sie hat einen Konstruktionsfehler. Ich biete Dir £ 50, wenn Du mir sagen kannst, warum sie sich nicht beenden läßt. Da ist sie:

Rückkehr ins Hotel Atlantic, Århus
Hört zu, Schwestern! Da wir in wachsender Zahl zur Feder greifen und schreiben, werden auch immer mehr von uns in andere Länder eingeladen – von Verlegern, Universitäten, Festival-Organisatoren und so fort –, doch so wenig wie für das wirkliche Leben verfügen wir dafür über ein Handbuch, dem wir die Regeln entnehmen können. Im wirklichen Leben haben wir Freunde, die uns anleiten, Zeitschriften, die uns Erklärungen für uns anbieten, und Eltern, die einen (oft wenig schmeichelnden) Spiegel hochhalten, in den wir blicken können. Doch was hat die Besucherin im Ausland, in Wellington, Neuseeland oder in Århus, Dänemark?

In dem Maße natürlich, in dem die Kulturen der Welt einander immer ähnlicher werden und sich nur noch im Preis des Flugs dorthin voneinander unterscheiden, rücken alle Orte näher an die Heimat heran, und das ist tröstlich. Eine Frauengruppe in Madrid gleicht sehr einer Frauengruppe in Johannesburg, ein Seminar für Frauenstudien an der Universität von Oslo einem ebensolchen an der Universität von Melbourne; alle sprechen Englisch als zweite Sprache: zunehmend teilen sich die Menschen der Welt nach Berufen und politischen Meinungen auf, nicht mehr nach Nationen. Und doch wäre ich als Auslandsreisende in Canberra beinahe aus einem Fenster des Lakeside Hotels gesprungen, wäre ich in Stockholm fast vorsätzlich einem Lastwagen vor die Räder gelaufen – so überwältigend können die Depression, so stark das Gefühl von Isolation sein, die im Ausland die Gastautorin ereilen – und nur, weil es an einem Handbuch, an ein paar Ratschlägen, an Vorwarnung fehlt.

Darum reiche ich, Grace D'Albier, fünfunddreißig, Verfasserin eines Romans über Inzest, einige Erkenntnisse an euch weiter. *Lot und seine Tochter* war mein erster Roman, der erste, der übersetzt wurde, die Welt im Sturm nahm (Verlegersprache) und mich per Pan-Am um die Welt wirbelte – mich und meine Erklärung, daß der Roman nicht autobiographisch ist, sondern daß ich ihn mir ausgedacht habe. Was natürlich niemand glaubt.

Zumal Journalisten, die so pfiffig aus der realen Welt heraus operieren, verstehen, was Beschreibung, aber nicht, was Erfindung ist. Kein Wunder, denn sie verlieren ihren Job, wenn sie erfinden, wogegen Romanciers Prozesse an den Hals bekommen, wenn sie nicht erfinden. Also muß ich, Grace D'Albier, um die Welt reisen und mich als Opfer der Schändung durch Vater wie Mutter anstarren lassen; und wenngleich meine Eltern noch mit mir sprechen, so doch recht förmlich. Sie begreifen, daß ich die Geschichte erfunden habe, nicht aber begreifen es ihre Freunde.

Andererseits kommen überall auf der Welt Frauen zu mir, danken mir und versichern, das Buch habe ihnen geholfen; nicht, daß ihnen Derartiges tatsächlich angetan worden sei, aber das Gefühl habe sie immer begleitet, und nun bräuchten sie sich deswegen nicht mehr zu schämen. Sie sind Mitglieder der neuen Lesergemeinde: sie fanden Erlösung von ihrer Schuld, und ich habe das bewirkt.

Doch zu Hause tröstet mich das nicht. Meine Kinder schauen mich mißtrauisch an, besonders mein ältester Sohn, denn Susan in dem Roman bekam mit fünfzehn ihr erstes Kind von ihrem Vater, und Susans Mutter wurde von dem Sohn schwanger, als er fünfzehn war. Natürlich bin ich nicht alt genug, um das *nicht* erfunden zu haben. Aber überall glauben die Leute, was sie glauben möchten, nicht etwa, was wahr, geschweige denn glaubhaft ist. Gott weiß, was die Freunde meiner Kinder sagen. Ich wage nicht, danach zu fragen, und von selbst erzählen sie es mir nicht.

Manchmal glaube ich, ich kann nicht mehr. Hier im Hotel Atlantic in Åarhus, wo ich auf das kalte, leuchtende Meer hinausblicke, auf die Anlegestelle der Autofähre und die triste, frühmorgendliche Geschäftigkeit normaler Menschen, da frage ich mich: was habe ich getan, daß ich so von ihnen abgesondert bin? Und wie ist es passiert, daß ich, die ich als Schriftstellerin anfing, ganz ohne es zu wollen, zur Darstellerin geworden bin? Gestern nachmittag sprach ich hier an der Universität vor fünfhundert Studenten; sie hörten aufmerksam zu, und ich fühlte mich nützlich, aber ein Floh – vielleicht aus dem Flugzeug? – hüpfte im Innern meiner neuen, silbernen Kurt-Geiger-Stiefel herum und stach mich. Und wie kann man vor einem fünfhundertköpfigen

Publikum aufschreien und sich kratzen? Nachts habe ich mich im Schlaf an Füßen und Knöcheln gekratzt, und heute morgen sehe ich, daß meine Nägel blutige Striemen in mein Fleisch geharkt haben.

Doch nicht Selbstmitleid ist der Zweck dieser Blätter, und ich weiß, ich könnte nur von wenigen dort draußen in der Welt Mitleid erwarten, da ich telefonisch mein Frühstück bestellen kann, das ich lächelnd serviert bekomme.

Ich verbringe die Zeit damit, das Handbuch für den Gastautor zu entwerfen. Ein Teil wird die Reisevorbereitung behandeln. Ihr literarischer Agent, werde ich schreiben, hat stets ein Flugticket Erster Klasse zu verlangen. Das wird natürlich niemals zugestanden, dient aber dazu, Ihren Gastgeber nervös zu machen. Ist er ein Verleger, wird er Ihnen ein besseres Hotelzimmer reservieren lassen als ursprünglich geplant (der Autorenbesuch wird aus dem Werbebudget finanziert); und ist Ihr Gastgeber eine Universität oder ein Theater, dann werden Sie in einigermaßen komfortablen, aufgeschlossenen Privathaushalten untergebracht. Leute, die Ihre Arbeit bewundern, neigen zu der Annahme, Sie müßten ihre Vorlieben und Abneigungen teilen. Verleger leben und essen im allgemeinen gut, und es fördert ihr Ansehen und ihre Umsätze, wenn der Autor das ebenfalls tut; aber Universitätsleute und Feministinnen meinen, wenn sie aus moralischen oder praktischen Gründen Fernsehen, Musik, Fleisch, weiche Kissen, Zentralheizung und (sogar) Essen ablehnen, dann hätten Sie das auch zu tun. Ich werde dem Leser von den vielen seltsamen Betten erzählen, in denen ich im Ausland geschlafen habe – den klammen Betten abwesender Großmütter, den ebenso klammen von Dreijährigen, in Speicher- und Kellerräumen; ich werde von dem Gastgeber berichten, der sagte, ich könne sein Badewasser nach ihm haben, noch vor seiner Frau; ich werde deutlich machen, daß ein Gastautor, dem man sagt: ‹Wir dachten, Sie würden lieber privat wohnen als in einem unpersönlichen Hotel›, zart kundtun sollte, daß sie falsch gedacht haben. Nach einem Tag voll Persönlichkeiten – von denen, wie ich mich zu sagen beeile, die eigene die langweiligste ist – sind Unpersönlichkeit und Frieden höchst attraktiv. Um freilich die vielen Leute, deren angenehme Gastfreundschaft ich genossen habe, nicht zu kränken, werde ich hinzufügen, daß ich oft gegen diese Regel verstoßen habe, ohne es zu bereuen.

Ich werde erwähnen, daß es der Gastautor sogleich lernt, äußerst taktvoll und höflich zu sein. Eine leichtfertige Bemerkung, an einem Abend in Adelaide unvorsichtig geäußert, wird am nächsten in Sydney angekommen sein, und zwar bei dem, den sie am meisten betrifft und verletzt. Ich werde dem Schriftsteller raten, nie und nimmer schlecht über die Werke eines andern Autors zu sprechen: wird man in die Enge getrieben, kann man allenfalls sagen: ‹Ich glaube nicht, daß Soundsos Werke zur Weltliteratur gezählt werden.› Sprechen Sie nie schlecht über Ihr Gastland, werde ich schreiben. Das ist nur höflich. Sprechen Sie nie schlecht über Ihr vorletztes Gastland, weil auch das dort ankommen wird. Sagen Sie überhaupt nichts Schlechtes.

Seien Sie höflich zu Journalisten und rücksichtsvoll zu Fotografen. Denken Sie an regionale Verschiedenheiten. Holländische Fotografen zum Beispiel möchten, daß man so düster, grimmig und alt wie möglich aussieht; sie leuchten einen von oben an und stellen einen vor eine grellweiße Wand. Dänische Fotografen haben es gern, wenn man lacht und zwinkert; amerikanische Fotografen wünschen, daß man gut geschminkt und schön ist; australische Fotografen wollen, daß man durchschnittlich und wie jeder andere aussieht. Denken Sie bei Fototerminen vor allem an eins: die Sie kennen, wissen, wie Sie aussehen, und denen, die Sie nicht kennen, kann es egal sein. Versuchen Sie, es zu glauben.

Danton D'Albier, der Vater meiner Kinder, den ich vor langer Zeit geheiratet habe, verließ mich vor zwei Jahren am Tag des Erscheinens von *Lot und seine Tochter*. Er las das Buch gegen meinen Willen (eine Form von Vergewaltigung) und sagte: ‹Ich wußte gar nicht, daß du so denkst.› Dann sah er ein Foto von mir in der *Times* und sagte: ‹Ich wußte gar nicht, daß du so aussiehst›, und ich glaube, es lag an dem Foto und nicht an dem Buch, daß er ging. Trotzdem.

Hier habe ich aufgehört. Wie gesagt, £ 50, wenn Du mir sagen kannst, warum ich nicht weitergeschrieben habe. Jane Austen wollte von ihrem Bruder Henry 100 Guineen für das unvollendete Manuskript *Lesley Castle*, und ich verschenke sogar noch Geld.

Du schreibst kläglich von dem entsetzlichen Gefühl dürrer Verzweiflung, das Dir Dein Studium der englischen Literatur gibt – Du meinst zu ersticken; als sei Dir der Mund mit trockenen Blättern verstopft; als sterbe Dein Gehirn allmählich an irgendeinem geistigen Gift. Du möchtest laut schreien. Wie gut ausgedrückt. Ich habe wirklich Hoffnung, was Deinen Roman betrifft: wie steht es damit? Frauen in lieblosen Ehen klagen über die gleichen Gefühle; sie stehen bebend am Rand der Panik; irgend etwas läuft furchtbar falsch, aber sie finden nicht heraus, was. Oder alleinstehende Mütter (bis auf Onkel Staat alleinstehend), die sich im Regen mit einem kleinen Kind auf jeder Seite vom Supermarkt den Hang hinauf nach Hause schleppen: ‹Wo bin ich?› schreien sie lautlos, denn der nasse Wind treibt ihnen den Protest zurück in den Rachen. ‹Das ist überhaupt nicht das, was ich im Sinn hatte!› Und wo bist Du, Alice, die Du *Überredungskunst* in der einen und die Feder in der andern Hand hältst, ist es das, was Du im Sinn hattest? Sind das die Freuden der Literatur – Deinen Kopf arbeiten lassen, wenn Deine Gefühle streiken, in Deinem Hirn nach den Reaktionen zu stöbern, die Du haben solltest, die andere Leute zu haben behaupten, Du aber nicht? Es ist Mord, geistiger Mord, Deinen Kopf so zu verdrehen, bis Du ihn an die Stelle des Kopfes von jemand anderem verrückt hast (Deine Formulierung), weil dieser Mensch Macht über Dich hat, Dich beim Examen bestehen oder durchfallen lassen kann; Dich in die Kulturwelt aufnehmen oder aus ihr hinauswerfen kann. Also machst Du stur weiter, und trockene Blätter verstopfen Dir den Mund, und Du schreibst, daß die Figur der zweitjüngsten Bennet-Schwester (Du hast ihren Namen vergessen) nicht voll ausgeführt ist, weil man Dir erklärt hat, das sei so – schließlich ist es allgemein anerkannt, daß Autoren Gestalten voll ausführen sollten.

Natürlich nicht von mir anerkannt. Einwände dieser Art

wirken auf den Autor so, wie wenn man zu der Mutter eines Neugeborenen sagt: ‹Aber warum hat Ihr Baby denn rote Haare?› Sie hätte doch unbedingt etwas dagegen tun müssen, soll das heißen. ‹Das Baby ist eben so›, sagt sie wütend und verwirrt. Junge Mütter sind fast so leicht wütend zu machen und zu verwirren wie Autoren.

Weißt Du, Schriftsteller haben ein weniger rationales Verhältnis zum Schreiben und zu ihren Büchern, als Studenten der Literaturwissenschaft es gern annehmen. Sie schreiben, was sie schreiben, und wenn es anders wäre, hätte es einen andern Titel und wäre ein anderes Buch, also erledigt sich jeder Einwand von selbst. Wenn Du das Werk eines Autors eingehend studierst, bestiehlst Du ihn: er oder sie hat Dir freiwillig so viel gegeben, aber Du bist gierig, Du forderst mehr.

Ein Autor schreibt unklar, um manche Leser auszusperren, andere einzulassen. Genau das hatte er oder sie vor. Dunkle Sprache, sprunghaftes Denken sind nicht zufällig. Der Professor bricht die Tür auf, damit alle hineinrennen können. Vielleicht tun sie es, aber es ist *nicht* für alle gedacht, war es nie.

Ich glaube, ich übertreibe. Halte nur durch! Lieblose Ehen verwandeln sich wieder in liebevolle; unerwünschte Kinder werden zu erwünschten; das Studium, das Dich heute anödet, könnte Dir morgen eine Erleuchtung bringen. Wechsle nicht mitten im Fluß die Richtung, Alice. Laß nicht die Literatur im Stich, um mit Soziologie anzufangen. Schreib einfach Dein eigenes Buch und unternimm damit etwas gegen die Gefahren von zuviel Analyse; setze ebensoviel zusammen, wie Du auseinandernimmst, und Du wirst errettet werden. Diesen Rat bin ich Deinem Vater schuldig. Vielleicht.

Übrigens, Jane Austen hat in ihrem ganzen Leben nur £ 700 mit Schreiben verdient:
1803: £ 10 von Crosby für *Die Abtei von Northanger*.

1811: £ 140 von dem Verleger Thomas Egerton für *Vernunft und Gefühl.* Das Buch erschien in drei Bänden zu 15 s. £ 150 aus dem Erlös derselben.
1812: £ 110 für *Stolz und Vorurteil.* Verkaufspreis: 18 s. Die Auflage betrug 1500 Exemplare.
1814: £ 450 von dem Verleger John Murray für die Rechte an *Vernunft und Gefühl* und *Mansfield Park* (da Egerton offenbar nicht imstande war, die Exemplare bei den Buchhändlern flüssig abzusetzen, sehr kleine Auflagen druckte und sehr wenig zahlte) sowie für ihren neuen Roman *Emma.* Egerton entschuldigte sich mit den Worten: «Die Leute sind eher bereit, auszuleihen und zu loben als zu kaufen.»

Nach meiner Rechnung sind das £ 860, aber es ist üblich zu sagen: ‹Sie hat mit Schreiben in ihrem ganzen Leben nur £ 700 verdient›, darum solltest Du das in Deiner Prüfung unbedingt sagen, falls die Sprache darauf kommt. Die Wahrheit ist in jedem Fall relativ, und ich lese im *New Scientist*, daß zwei mal zwei nicht vier ist, sondern annähernd vier, da die bloße Handlung des Addierens die Zahl verändert; wenn sich £ 700 also richtig *anfühlt*, dann ist es auch die richtige Summe.

Alles Gute von Fay

PS. Vielleicht hat jemand beim Addieren die Veränderung des Kaufwerts berücksichtigt und vergessen, es anzugeben? Es gab eine übliche Inflation zwischen 1800 und 1817. Wegen Napoleon und alldem.

Zwölfter Brief

Laßt andere mit dem Elend fertig werden

London, Mai

Liebe Alice,
in *Mansfield Park* gibt es eine junge Dame, eine Miss Crawford, die sich sehr schlecht benimmt. Sie spricht abschätzig von den Geistlichen. Es fehlt ihr an jeglichem Respekt für den Admiral, ihren Onkel, in dessen Haus sie aufwuchs und dem sie deshalb dankbar sein sollte. Sie sagt, sie habe viele Admirale in ihrer Bekanntschaft, sie wisse zuviel von ihren Streitereien und Eifersüchteleien, und *Rears* und *Vices* habe sie schon allzuviele gesehen. [Abkürzungen für *rear-admirals* und *vice-admirals*: Konteradmirale und Vizeadmirale; aber auch: *rears*: Hinterteile, und *vices*: Laster. – Die deutschen Übersetzer des Romans wußten sich an dieser Stelle nur mit ‹Flotten-Admiralen›, also flotten Admiralen zu helfen. ‹Fiese Admirale› und ‹die hintern Admirale› kämen da Miss Crawfords Einschätzung schon näher. – Anm. d. Ü.] «Aber verdächtigen Sie mich bloß nicht, ein Wortspiel versucht zu haben.» Und ob wir sie verdächtigen. Hintern und Laster! Ganz schön stark. Und Miss Crawford macht sich auch über religiöse Gefühle lustig; als man ihr die elisabethanische Kapelle auf dem Sitz der Rushworths zeigt, bemerkt sie: «Können Sie sich nicht vorstellen, mit was für Gefühlen des Widerwillens die früheren Schönheiten des Hauses Rushworth sich oft genug in dieser Kapelle eingefunden haben? Die jungen Miss Elinors und Miss Bridgets, zum Schein in steifleinene Frömmigkeit gezwängt, aber den Kopf voll von etwas ganz

anderem, besonders wenn der arme Kaplan den Anblick nicht wert war. Und ich vermute, damals waren die Pfarrer noch armseliger heute.»

Das empört Fanny so, daß sie kaum sprechen kann. Es ist das einzige Mal im ganzen Roman, daß eine unheilige Leidenschaft sie beutelt. Sie ist nämlich für Edmund empört, verstehst Du. Edmund bereitet sich auf das geistliche Amt vor. Fanny ist eine untypische Austen-Heldin; sie ist gut, geradezu unsäglich gut. Edmund ist da schon typischer; er gehört zur Sorte der Mr. Knightleys, freundlich, edel und belehrend. Trotz ihres schlechten Benehmens schwärmt er für Miss Crawford, vielleicht gerade deswegen, und sie ist sicherlich die einzige Gestalt in dem Buch, mit der man gern eine Woche auf einer kleinen Insel verbrächte: sie ist witzig, lebendig, anmutig und auf anderer Leute Kosten geistreich. Eine bekennende Egoistin: ganz fühllos macht sie von Fannys Pferd Gebrauch, zu deren Nachteil, denn Fanny ist offenbar unfähig, sich durchzusetzen. Miss Crawford ist also mit Vergnügen gemein, während Fanny einfach nichts anderes kann, als gut zu sein.

Jane Austen begann 1812, *Mansfield Park* zu schreiben. Seit 1809 wohnte sie mit ihrer Mutter und ihrer Schwester in Chawton. Es ist sehr verführerisch, in dem Konflikt zwischen Miss Crawford und Fanny den Konflikt zwischen Gut und Böse zu sehen, der in der Seele der Autorin herrschte. Die böse Jane Austen war imstande, in einem Brief an Cassandra zu schreiben: «Mrs. Hall aus Sherbourne wurde gestern von einem toten Kind entbunden, einige Wochen zu früh, infolge eines Schrecks. Ich nehme an, sie hat versehentlich einen Blick auf ihren Mann geworfen.» (Das ist nun wahrhaftig weit böser als alles, was Miss Crawford je gesagt hat.) Auf der andern Seite gibt es die gute Jane Austen, die sich bemüht, in einem bescheidenen Heim mit Mutter und Schwester in Frieden zu leben, weiterhin zu glauben, ihr Vater sei «gut und freundlich» gewesen (und nicht, wie ich es als wahrscheinlicher betrachte, das verhärtete, egozentrische Modell für ihren Mr. Bennet), und die sich in *Mansfield Park* die Maske von Fanny überstülpt. Noch verführerischer ist es, auf Jane Austens frühe Kindheit zurückzublicken und in jener beeindruckenden Schilderung der Ankunft eines schüchternen kleinen Mädchens in einer fremden Familie – nicht wirklich bösartig, aber dumm – ein Selbstporträt der Autorin zu sehen, die nach auswärts in die Schule geschickt wurde und fast unter Fremden gestorben wäre; man könnte die These aufstellen, daß hier die Spaltung zwischen Gut und Böse ihren Ursprung hatte, die Jane Austen nie überwinden konnte und die zu ihrem frühen Tod führte. Die Rebellin, die es aus Wut, sich derartig von Vater und Mutter verstoßen zu sehen, lernt, sich geistreich und stilvoll zu wehren: das ist Miss Crawford. Fanny repräsentiert die Pflichtbewußte, die Autorität achtet, alles mit einem lieben Lächeln erduldet und sich in Weisheit flüchtet. So verführerisch finde ich diese Deutung, daß ich nicht widerstehe. Ich biete sie Dir als Erklärung dafür an, warum Jane Austen ausgerechnet die salbungsvolle Fanny zur Heldin erhob.

Ich sollte hinzufügen, daß sie ihren Vater sehr vermißt haben muß, jedoch auf diese Weise, die wir heute nicht erwarten würden. *Mansfield Park* war der erste Roman, den sie nach seinem Tod schrieb – sie überarbeitete aber auch *Vernunft und Gefühl* sowie *Stolz und Vorurteil*, Romane, die seine Billigung fanden, wie wir wissen. Ich glaubte, sie versuchte, ganz besonders brav zu sein – als könne sich ohne seine geistige Kontrolle alle Sittlichkeit und Selbstbeherrschung verflüchtigen, wenn man nicht sehr, sehr aufpaßte. Als Sir Thomas, der Patriarch, für einige Zeit nach Antigua fährt und seine Familie zurückläßt, befürchtet er, daß ohne seine Anleitung und Überwachung sich alle zügellos verhalten und rasch verkommen werden; Jane

Austen findet diese Furcht offenbar durchaus vernünftig. Und tatsächlich verkommen sie prompt – spielen doch tatsächlich Amateurtheater! Es ist wirklich die Höhe.

Mansfield Park ist durchtränkt von der Vorstellung, Frauen bedürften des Schutzes und der moralischen Fürsorge von Männern. Fanny heiratet am Ende (natürlich) Edmund, der «sie seit ihrem zehnten Lebensjahr geliebt, geleitet und beschützt, ihre Persönlichkeit in so großem Maße durch seine Fürsorglichkeit geformt hatte und von dessen Güte ihr Wohlbefinden abhing ... Was fehlte noch, als daß er lernte, sanfte blaue Augen [die von Fanny] funkelnden dunklen [denen von Miss Crawford] vorzuziehen.»

Oh, Miss Austen, was haben wir hier nur für ein Wunschdenken! Mir ist aufgefallen, Alice, daß in der wirklichen Welt Frauen desto besser vorankommen, je schlechter sie sich benehmen. (Ein weiteres Thema für einen Besinnungsaufsatz, an Deinen Freundinnen und ihren Müttern zu überprüfen.)

Nun, vielleicht sollten wir in der Literatur tatsächlich moralische Belehrung suchen; sie nicht, wie wir es uns angewöhnt haben, als Spiegel betrachten, den man der Realität vorhält. Vielleicht sollte man das Schreiben nicht als Beruf betrachten, sondern als heilige Last; sollte der Autor eines Bestsellers nicht grinsend zur Bank rennen, sondern sein Haupt unter dem Gewicht einer so furchterregenden Verantwortung beugen. Das Denken von so vielen Menschen beeinflussen zu können, zum Guten oder Schlechten! In China haben sie nicht ‹Romane› in unserm Sinn; sie haben vielmehr erzählende Literatur, die sowohl auf individueller wie auf gesellschaftlicher Ebene den Weg zu gutem Verhalten aufzeigt. In diesen Büchern wird der Leser zu harter Arbeit, Ehrgefühl, Fröhlichkeit und positivem Denken angehalten, und sie verkaufen sich millionenfach. Und in Rußland wird jeder Schriftsteller, der im Namen der Kunst oder

Wahrheit einer anerkannten Gruppenmoral widerspricht, als verantwortungslos, wenn nicht gar als verrückt angesehen. Es ist eine andere Weise, die Dinge zu betrachten; ich hege eine gewisse Sympathie für sie. Kurioserweise sind es Leser und nicht Schriftsteller, die so leidenschaftlich daran glauben, daß Schriftsteller die Freiheit haben sollten zu schreiben, was sie wollen. Ich denke nicht, daß Jane Austen das geglaubt hat. *Mansfield Park* jedenfalls spricht nicht dafür, denn es ist ein Buch, in dem Tugend belohnt und schlechtes Benehmen bestraft wird und in dem die abscheuliche Julia in Schmach und Schande zu der fürchterlichen Mrs. Norris ziehen muß. Und das geschieht ihnen beiden recht.

Alles Liebe von Deiner
Tante Fay

Dreizehnter Brief

«Sie haben uns so lange entzückt»

London, Juni

Liebe Alice,
ich persönlich betrachte Kritiker als Busfahrer. Sie kutschieren die Besucher in der Stadt der Erfindung umher, halten nach Lust und Laune den Bus hier oder da an, spielen den Fremdenführer und bilden sich ein, daß es keine Stadt gäbe, wenn sie nicht da wären. Aber natürlich wäre sie da – die Leute würden zu Fuß gehen, das Fahrgeld sparen und selbst entscheiden, wo sie haltmachen und was sie genießen wollen – nur wäre es eben nicht so bequem und ehrlich gesagt auch ziemlich anstrengend. Wie man ja auch als reisender Individualist in einem fremden Land manchmal ganz froh ist, wenn man eine saubere Matratze findet und Leute, die einen verstehen.

Sehr oft bleiben die Fahrgäste einfach im Bus sitzen und hören dem Fahrer zu. Sie machen sich nicht die Mühe, auszusteigen und sich selbst umzuschauen. Sie lesen die Buchbesprechungen, aber nie die Bücher selbst. Ich tue das manchmal auch. Außer natürlich, ich fahre selbst den Bus, schreibe Besprechungen. Dann neige ich dazu, an jedem Haus zu halten, an dem ich vorbeifahre, um nur den Erbauer nicht zu kränken. Wie verblüffend und wunderbar, daß jemand überhaupt ein Haus bauen kann, geschweige denn ein gutes! Also anhalten und bewundern – zum Teufel mit der Kritik! Bücher sind nicht rationiert, und das Vergnügen an ihnen auch nicht. Die Fahrgäste stöhnen, wenn ich den Bus fahre.

Was den Baumeister, den Autor, angeht, so hört er zwar mit halbem Ohr dem zu, was der Busfahrer sagt; aber eingebildet, wie er ist, verbirgt er sich lieber in seinem Gebäude und hört sich an, was die Besucher selbst zu sagen haben. Von ihnen lernst Du. Wenn sich in einem Haus, das Du gebaut hast, an einem bestimmen Balken alle den Kopf anschlagen, dann achtest Du beim nächsten Hausbau darauf, daß so etwas nicht wieder passiert. Du wirst es leid, immer ‹Vorsicht› zu sagen, wenn die Leute eben unvorsichtig sind, und dauernd Pflaster zu holen. Du setzt den Balken höher.

Ein weiser Schriftsteller läßt sich von den Reaktionen seiner Leser nicht tyrannisieren, ist aber empfindlich dafür. Jane Austen war das sicher. Im Jahr 1814 sammelte sie die Meinungen anderer Leute über *Mansfield Park* und schrieb sie auf. Unter ‹andere Leute› sind Familienmitglieder und Freunde zu verstehen; sie machte sich nicht die Mühe, die Rezensionen in den Zeitungen zu zitieren. Vielleicht waren sie ihr einfach unwichtig? Hier eine Auswahl von Meinungen, die ich zusammengestellt habe:

Mr. James Austen: sehr angetan. Mrs. Norris und die Szene in Portsmouth gefielen ihm besonders.

Miss Lloyd: zog das Buch allen andern vor. Entzückt über Fanny. Konnte Mrs. Norris nicht ausstehen.

Meine Mutter: schätzte es nicht so sehr wie *Stolz und Vorurteil.* Fand Fanny fade. Hatte Freude an Mrs. Norris.

Miss Burdett: mochte es weniger als *Stolz und Vorurteil.*

Mr. James Tilson: mochte es lieber als *Stolz und Vorurteil.*

Miss Augusta Braunstone: gab zu, daß sie *Vernunft und Gefühl* sowie *Stolz und Vorurteil* für baren Unsinn gehalten habe, habe aber das Gefühl, sie werde *Mansfield Park* mehr schätzen, und gefällt sich in dem Gedanken, sie habe nach Lekture des ersten Bandes nun das Schlimmste hinter sich.

Admiral Foote: erstaunt, daß ich die Fähigkeit hätte, die Portsmouth-Szenen so gut zu schildern.

Mrs. Pole: «Alles ist natürlich, und die Situationen und Ereignisse werden in einer Weise erzählt, aus der klar hervorgeht, daß die Autorin der Gesellschaft angehört, deren Benehmen sie so kundig umreißt.»

Jeder hat, wenn er gefragt wird, etwas zu sagen, und jeder sagt etwas anderes. Es gibt kaum Übereinstimmung. Wie auch. Mein Rat für Dich, Alice, lautet: Wenn Jane Austen diese Reaktionen auf einen bereits veröffentlichten Roman erhielt, wieviel weniger hilfreich noch werden da die Reaktionen von Verwandten und Freunden auf Deinen unveröffentlichten sein? Du schreibst, Dein Freund habe ihn gelesen und finde ihn kindlich. Was hast Du denn erwartet? Wenn Dein Freund einen Roman über Dich und Deine Affäre mit Deinem verheirateten Professor schriebe, wärst Du wohl geneigt, ihn gut zu finden? Wenn er über seine Leidenschaft für die Frau Deines Professors schriebe, würdest Du das mit Genuß lesen? Du mußt immer daran denken, daß Nicht-Schriftsteller einen Roman nicht als unantastbar betrachten, wie Schriftsteller es tun. Sie halten ihn für eine persönliche, direkt autobiographische Sache, nicht für eine anmutige Komposition aus Phantasie, Erfindung, realem Ereignis und noch realeren Gefühlen, die man gelassen wieder heraufbeschworen hat. Wenn Du die Hitze nicht aushältst, bleib aus der Küche: leg die Feder weg. Wenn Du Deinen Roman veröffentlichten willst, schicke ihn an einen Verlag; häng nicht herum und warte auf Anerkennung. Wenn Du auf Anerkennung aus bist, werde nicht Schriftstellerin. Immer wird es jemanden geben, der wie Mrs. Lefroy sagt: «Es hat mir gefallen, aber ich meine, es ist nur ein Roman.»

Worauf Jane Austen meiner Ansicht nach aus war, ist die ‹Erlaubnis zu erfinden›. Sie erhielt sie nicht – nicht, seit sie mit *Lady Susan* darum ersuchte und dafür getadelt wurde. Frauen wurden ermahnt – wie Schulkinder noch immer –, über das zu schreiben, was sie kennen, nicht zu erfinden; über das Fußballfeld oder die Schulgarderobe zu schreiben, nicht über das Polofeld oder den Speisesaal des Parlaments. Sie sollen beschreiben, nicht erfinden.

Aber Romanciers brauchen nichts *richtig* darzustellen. Sie sind nicht verpflichtet, eine reale Welt zu beschreiben; sie können die Schlacht von Waterloo 1820 stattfinden lassen, wenn sie wollen. Das heißt, solange sie es ihren Lesern ermöglichen, ihren Unglauben zu vergessen; bei der Schlacht von Waterloo freilich würden sie sich in Schwierigkeiten bringen, das gebe ich zu. Erzähler können nicht *irren*; sie können allerdings so viel Unwissenheit an den Tag legen, daß sich der Leser genau im falschen Moment an das Vorhandensein des Autors erinnert und das Buch angewidert weglegt. Leser möchten, daß Autoren klüger sind als sie. Aber die Fäden, mit denen die erfundene Welt mit der wirklichen verbunden ist, kann der Autor knoten, verflechten, lockern und enger zurren, ganz wie er will. Er trägt die Verantwortung.

Wenn Du erst aufgehört hast, über die Grausamkeit Deines Freundes zu weinen, und wenn Du *Mansfield Park* gelesen hast, wirst Du die Szene, in der Fanny ihre natürliche Mutter in Portsmouth besucht, sicher als eine der sprechendsten, einprägsamsten und wirklichkeitsnahsten in dem Buch erleben. Sie ist außerdem diejenige, die mit der größten Wahrscheinlichkeit erfunden ist. Admiral Foote war erstaunt, wie Du Dich erinnern wirst, daß sie imstande war, die Portsmouth-Szenen so gut zu schildern; er ging davon aus, daß sie nie in einem solchen Haushalt gewesen war. Und ein Kritiker schrieb über *Die Abtei von Northanger*, General Tilney wirke wie eine Phantasiegestalt – «denn er ist kein sehr wahrscheinlicher Charakter und nicht mit dem sonstigen Geschmack und Urteil unserer Autorin porträtiert». In meinen Augen dagegen ist General Tilney die denkwürdigste Gestalt des Buchs und eine der wahrscheinlichsten.

Gewiß wahrscheinlicher als sein heroischer, fehlerloser Sohn Henry.

Siehst Du, so ist es. Frag zwei Leute, und Du bekommst zwei Antworten. Wenn Du aber, wie Jane Austen, von allen hörst, erfinden sei schlecht, beschreiben gut, dann glaubst Du schließlich selbst, daß der Balken zu niedrig ist, nicht, daß die Besucher zu lange Hälse haben; und das nächste Mal setzt Du ihn höher. Du wagst Dich schreibend nicht mehr nach Portsmouth, wo Du nie gewesen bist, und auch nicht mehr in Häuser, die Du nicht kennst. Du gibst auf, und die Besucher lernen es nie, auf sich aufzupassen oder ihre starren Hälse zu beugen.

Diese Macht haben die Kritiker sicher, die Busfahrer. Sie sagen Dir, wo und wie Du bauen solltest und nicht nur, was an dem Haus nicht stimmt, das Du gerade fertiggestellt hast. Sie wissen etwas, aber nicht alles, vergiß das nicht. Aber höre den Besuchern, den Lesern gut zu, höre ihnen zu wie einem Geliebten. Zwischen euch besteht schließlich die gleiche machtvolle Intimität. Aber wenn es darum geht, nach den Vorschlägen von Besuchern zu handeln – da gilt dieselbe Regel wie für den Umgang mit Vorschlägen eines Geliebten. Du möchtest ihm den Gefallen tun, aber wenn Du Dich zu sehr zu dem machst, was er will oder wovon er sagt, er wolle es – zwei leider oft diametral gegensätzliche Dinge –, dann wirst Du ihn verlieren. Du kannst eben nicht so tun, als wärst Du etwas, was Du nicht bist, ohne in Apathie und Depression zu fallen und langweilig zu werden. Sehr oft empfiehlt es sich, die Vorschläge höflich anzuhören und das Gegenteil zu tun: Deine Fehler (wie der Geliebte, der Besucher, der Leser findet) zu vergrößern und Deine Tugenden kurzzuhalten. Eine vulgäre Randbemerkung: ‹Anders als in Romanen finden im wirklichen Leben die übelsten Frauen die besten Männer.› Erwäge, was dafür und dagegen spricht.

«Die Romane von Jane Austen», schrieb 1818 ein ungenannter Kritiker in der Zeitschrift *British Critic*, «weisen ein selten übertroffenes Maß an moralischer Vortrefflichkeit auf . . . Das ist die Stärke unserer Autorin. Sobald sie vom Ufer ihrer eigenen Erfahrung ablegt und versucht, Gestalten aus der Phantasie zu zeichnen, von welchen sie vielleicht oft gehört, die sie aber nie gesehen hat, sinkt sie sogleich auf das Niveau gewöhnlicher Romanciers. Ihr Verdienst besteht allein in ihrer bemerkenswerten Beobachtungsgabe.» Dieser Kritiker beklagt ihren Mangel an Phantasie und bezeichnet ihn als ihre größte Schwäche, aber kaum versucht sie es, da trampelt er schon auf ihr herum!

Jane Austen ihrerseits trampelte auf andern herum. An ihre Nichte Anna, die damals an einem ersten Roman arbeitete, schrieb sie: «Laß Deine Geschichte nicht in Irland spielen, wenn Du nicht dort gewesen bist. Du gerätst sonst in Gefahr, Dinge falsch darzustellen.» Als Jane Austen starb, warf Anna ihr Manuskript ins Feuer, mit der Behauptung, es erinnere sie zu schmerzlich an ihre tote Tante. Alles taugt als Ausrede, Alice, alles! Ich werde versuchen, Dir keine ähnliche zu liefern.

Viel von dem, was ich Dir im Verlauf dieser Briefe zu sagen versuchte, hat Walter Scott 1816 bereits anmutiger, wenn auch in längeren Sätzen gesagt. Scott war ein Romancier von beträchtlichem Ruhm und noch beträchtlicherem Fleiß. Er hatte eine Familie zu ernähren. 1816 schrieb er in der Zeitschrift *Quarterly Review* aus Anlaß von Jane Austens *Emma* über Romane:

> Wenn wir einmal in Wahrheit bedenken, wie viele Stunden der Schwäche und Angst, des verlassenen Alters und einsamen Zölibats, sogar der Schmerzen und der Armut durch die Lektüre dieser leichten Bände vertrieben werden, können wir billigerweise nicht die Quelle verdammen, an der Erleichterung von so viel menschlichem Elend zu finden ist, oder die Beurteilung dieses Bereichs als unter der Würde des nüchternen Kritikers erachten.

Du siehst, Alice, daß Mr. Scott das Lesen von Romanen als Ablenkungstaktik, als Widerstand gegen die Herrschaft der Realität ansieht. Die engagierte Literatur, der gesellschaftlich nützliche Roman waren noch nicht geboren. Lies weiter:

> In früheren Zeiten erwartete man von dem Romanautor, daß er sich ziemlich genau zwischen den konzentrischen Kreisen von Wahrscheinlichkeit und Möglichkeit bewegte. Und da es ihm nicht erlaubt war, den letzteren zu überschreiten, ging sein Erzählen zum Ausgleich fast immer über die Grenze des ersten hinaus. Und obwohl man wohl behaupten mag, daß die Wechselfälle des Lebens gelegentlich eines einzelnen durch ebenso viele Szenen außerordentlichen Glücks geführt haben, wie es in den phantastischsten dieser Erzählungen dargestellt wird, so haben doch die Ursachen und Personen, die solche Veränderungen auslösen, im Verlauf eines abenteuerlichen Lebens stets gewechselt und ergeben nicht jene geballte Handlung (das Ziel jedes geübten Romanciers), in der sämtliche wichtigeren Personen ihren angemessenen Anteil an dem Geschehen und an dem Herbeiführen der abschließenden Schicksalswendung haben. Hier, mehr noch als in dem vielfältigen und gewaltsamen Wechsel des Geschicks, liegt die Unwahrscheinlichkeit des Romans.

Mit andern Worten, im wirklichen Leben können Wirkungen ohne Ursachen vorkommen und Ursachen ohne Wirkungen. Nicht so im Roman.

> In den letzten fünfzehn oder zwanzig Jahren hat sich ein Romanstil herausgebildet, der sich von dem vorhergehenden in den Schwerpunkten des Interesses unterscheidet: der uns weder schwer Glaubhaftes zumutet noch unsere Imagination mit wildwuchernden Zufällen unterhält ... An die Stelle dieser Reize ist die Kunst des Kopierens nach der Natur getreten, wie sie in den gewöhnlichen Lebensläufen wirklich existiert. Statt der glanzvollen Szenen aus einer Phantasiewelt wird dem Leser nun eine auffällig korrekte Darstellung dessen geboten, was täglich um ihn herum geschieht.
>
> Indem er sich an diese Aufgabe wagt, leistet der Autor offenkundig Verzicht und stößt auf neue Probleme. Wer das schöne

Ideal schildert, ist, wenn seine Szenen und Gefühle einleuchtend und interessant sind, in hohem Maße von der schwierigen Aufgabe befreit, sie mit den normalen Wahrscheinlichkeiten des Lebens in Einklang zu bringen; wer aber eine alltägliche Szene darstellt, setzt sein Gemälde jener schrankenlosen Kritik aus, zu der jeder Leser sich auf Grund seiner Alltagserfahrung imstande fühlt.

Mit andern Worten, Alice, der neue Romanautor (also Jane Austen) riskiert mehr, weil seine Leser sich besser auskennen. Aber mit diesem kurzen Satz fasse ich nur sehr grob zusammen, was Walter Scott zu sagen hatte. Ich spreche in Eile, für eine eilfertige Welt; Du hast nicht viel Zeit, Dein Telefon wird klingeln, und alles wird sich plötzlich ändern. Scotts Leser hatten Zeit, die längsten Sätze in allen Bedeutungsnuancen nachzuvollziehen.

Wir zollen der Autorin von *Emma* also kein geringes Kompliment, wenn wir feststellen, daß sie bei aller Nähe zu alltäglichen Ereignissen so geistreiche, orginelle Skizzen hervorgebracht hat, die einer so großen Aufmerksamkeit für den unsrigen weit überlegene Denkweisen, Sitten und Empfindungen entspringen, daß wir die Erregung durch ungewöhnliche Vorgänge niemals vermissen.

Du siehst, sie teilten alle diesen Wahn: der Roman muß dem Leser Beispiele für gutes Verhalten bieten. Ich werde oft gefragt, warum ich über Anti-Heldinnen und Anti-Helden schreibe, nicht über Rollenvorbilder, und zu meiner Verteidigung kann ich nichts anderes sagen, als daß ich eben schreibe, was ich schreibe, und nicht viel daran ändern kann.

Ein Wort jedoch müssen wir zugunsten jener einst mächtigen Gottheit Cupido sagen . . . Selbst wenn wir uns ständig Gefühlen hingeben, die nicht das mindeste mit uns selbst und unseren unmittelbaren Interessen zu tun haben, so verleihen sie doch dem Menschen Weichheit, Anmut und innere Entwicklung; und nachdem der Schmerz der Enttäuschung vorüber ist, sind jene, die ihn überleben (und das ist zum Glück die Mehrzahl), keineswegs schon deswegen weniger weise oder würdigere Mitglieder der Gesellschaft, weil sie eine Zeitlang den Einfluß einer Leidenschaft verspürt haben, die man mit Fug ‹die zarteste, nobelste und beste› genannt hat.

Ach, Alice, hat Deine Beziehung zu Deinem Professor, wie unglücklich auch immer, nicht viel zu Deiner jetzigen Aufrichtigkeit, Würde und Gelassenheit beigetragen? Hat es Dir nicht Weichheit, Anmut und innere Form verliehen, daß Du Dich vor kurzem dem Gefühl hingegeben hast? Ich hoffe doch sehr. Doch wenn Du nicht Stunden mit zwecklosem Hoffen vergeudet, sondern statt dessen Deine Zeit mit Studien verbracht hättest, durch die Du seiner Liebe würdig, ihm gleichrangig geworden wärst – wie anders hätte sich vielleicht alles entwickelt! Oder auch nicht.

Oder, wie Dein Vater sagen würde: «Alice, hör um Himmels willen auf herumzutrödeln und mach Dich endlich an die Arbeit.»

Ich weiß, Fanny Price, die dort im Park herumsteht und alle auf sich herumtrampeln läßt, ist eine masochistische Idiotin. Ich stimme mit Mrs. Austen darin überein, daß sie fade ist – aber am Schluß hat sie ihren Mann! Vielleicht solltest Du demütige, selbstgerechte Tugendhaftigkeit üben und sehen, wie weit Du damit kommst. Das heißt, natürlich nur, wenn Du den Mann noch *willst.* Für unbeteiligte Zuschauer ist es immer wieder verblüffend, welch sture Leidenschaften ganz gewöhnliche junge Männer in den Herzen junger Frauen entfachen.

Liebevolle Grüße von

Fay

PS. Die Fünfzi-Pfund-Wette gewinnst Du zur Abwechslung nicht. «Rückkehr ins Hotel Atlantic» war ein annehmbarer Titel und wenig mehr. Keine Form, keine eingebaute Spannung. Ich hatte nicht wirklich eine Idee, was als nächstes passieren würde oder, schlimmer noch, worauf die Geschichte hinauslaufen sollte. Nicht nur hatte ich keinen Haken, um den Mantel daran aufzuhängen, ich hatte auch keinen Mantel. Grace D'Albier war eine ganz hübsche Idee, aber Inzest ist keine ganz hübsche Idee. Was hatten beide in derselben Geschichte zu schaffen? Wenn ich's mir recht überlege, hätte genau das die Pointe ergeben können, und hätte ich mit silbernen Stiefeln voller Blut aufgehört, wären wir vielleicht irgendwo hingelangt. Aber ich bezweifle es; da wurde viel zu angestrengt Erfundenes auf Faktisches aufgepfropft, und so etwas kann nicht funktionieren. Der Text sprang zwischen Erfindung und Beschreibung hin und her, und die beiden Stränge wurden nicht miteinander verschmolzen. Die £ 50 hast Du nicht gewonnen. *Du* hast nur geschrieben, Du hättest die Geschichte langweilig gefunden. Du und Deine bereits erwähnte Zwillingsschwester Miss Augusta Braunstone! Nichts ändert sich jemals.

Vierzehnter Brief

Eine leise schleichende Krankheit

London, Juni

Liebe Alice,
ich werde ein wenig über Jane Austens Tod schreiben. Ich möchte es hinter mich bekommen. Es verstört mich. So wie sich Vergnügen über die Jahrhunderte hin mitteilt, so tut das wohl auch die Trauer. Man nimmt an, daß Jane Austen an der Addisonschen Krankheit gestorben ist – einem Versagen der Nebennieren. Die Nebennierenrinde funktioniert aus diesem oder jenem Grunde nicht mehr – es kann an Tuberkulose liegen, an einer Pilzinfektion, an einem Tumor oder daran, daß sich der Körper selbst angreift, etwas Harmloses als schädlich einstuft und erfolgreich beginnt, es zu zerstören – eine Wirkung des Autoimmunsystems. Diese Krankheit befällt heutzutage einen von hunderttausend Menschen. (Dem Gerücht nach soll John F. Kennedy die Addisonsche Krankheit gehabt haben – man bekämpft sie heute mit synthetischen Steroiden. Und die hohen Dosen von Cortison gaben ihm dieses zerfließende Gesicht und brachten ihn dazu, in den Gängen des Weißen Hauses höchst unpassenden Sekretärinnen nachzulaufen. Aber es heißt ja so vieles.)

Zu Jane Austens Zeit war die Krankheit unheilbar; sie wurde erst um 1840 überhaupt identifiziert und benannt – nach dem Entdecker Dr. Addison, nach wem sonst. Jane Austen, ihren Freunden und Ärzten, muß sie völlig rätselhaft erschienen sein; eine langsam fortschreitende Krankheit unbekannter Ursache, die nur diese Patientin hatte und die tödlich enden konnte oder auch nicht.

Die frühen Symptome der Krankheit bestehen in Mattigkeit, Appetitmangel, Erschöpfung, Reizbarkeit und Unlust zu körperlicher und geistiger Anstrengung. (Ich persönlich finde seelische Veränderungen durch Krankheit beunruhigender als bloße körperliche Entkräftung oder sogar als Schmerzen. Ist denn die Persönlichkeit wirklich nicht mehr als die Summe des Körpers? Es fällt mir schwer, das zu akzeptieren.) Die Haut sieht schmutzig aus, der Mund bedeckt sich mit Pusteln. «Der Körper verfällt», schrieb Addison, «der Puls wird schwächer, und der Patient siecht allmählich dahin und verscheidet.» Und das tat sie.

Zu unserer Zeit tritt der Tod durch Hypoglykämie, Schock und Herzstillstand ein. Wenn wir nur die Sprache jener Zeit und unsere Medikamente haben könnten.

Genug davon. Man sollte den Sterbenden ein wenig von ihrer Privatsphäre lassen.

Ich glaube, sie gab wahrscheinlich einfach auf. Ich kann nicht glauben, daß das Unbewußte nicht beteiligt ist, wenn der Tod durch das Autoimmunsystem herbeigeführt wird, dadurch, daß der Körper sich selbst angreift.

Als Jane Austen sehr krank war, soll sie im Wohnzimmer auf drei aneinandergerückten Stühlen gelegen haben. Ihre Mutter behielt das Sofa. Genug!

Ich glaube, daß Schriftsteller sich früh selbst abtöten können, wie sie es mit ihren Auswüchsen, den verschiedenen Versionen ihrer selbst tun, die in ihre Bücher eingehen. Sie lassen sie zu Fleisch und Blut werden und löschen sie wieder aus. Am Ende können sie ihn vollständig in Fiktion aufgehen lassen, den ursprünglichen Körper, dem die Schattengeschöpfe entspringen, um sich in der Stadt der Erfindung anzusiedeln. Man könnte leicht diese Welt verlassen und eine Existenz dort drüben beginnen, in jener andern Welt.

Ich sage das, um Dich zu trösten. Es ist unerfreulich, sich vorzustellen, daß Jane Austen an einer schleichenden Krankheit starb, die von der modernen Medizin diagnostiziert und geheilt würde. Aber der Tod ist nur ein Teil des Lebens. Man kann das nicht sehen, wenn man gerade trauert; man sieht nur Schmerz, Vergeudung, Wut und Erniedrigung, das Schlimmste und nicht das Beste. Erst mit der Zeit bekommt das Ende wieder den ihm gemäßen Stellenwert, wird zum Teil des Ganzen und nicht zur Definition des Ganzen. Und auch darum ist der Tod eines Kindes so besonders furchtbar, ist ein früher Tod schlimmer als ein später – es steht weniger Zeit zur Verfügung, in welche die Phase des Sterbens aufgesogen, eingegliedert werden kann. Alice, auch wir werden einmal schon lange tot sein. Du mußt Dein lebendes Ich so tief in den Fels der Unsterblichkeit einmeißeln, wie Du nur kannst. Bitte schicke Dein Manuskript ab; vergiß es nicht, wie Du drohend ankündigst. Natürlich ist die Wahrscheinlichkeit sehr groß, daß es abgelehnt wird und zurückkommt, und natürlich wirst Du Dich zurückgewiesen und als Hochstaplerin entlarvt fühlen. Aber wenn Du Dich einmal auf diese Dinge einläßt, kannst Du nicht mehr zurück. Sonst bist Du nur eine schleimige Schneckenspur auf dem Felsen . . .

Nein? Also, ich bleibe dabei. Du hast es gemacht, ich habe Dich gewarnt, jetzt nimm die Folgen auf Dich. So wie Du Dich gebettet hast, mußt Du nun auch liegen, pflegte die Mutter Deiner Mutter immer zu meiner Schwester und mir zu sagen. Ich weiß noch, daß ich sie einmal furchtbar ärgerlich gemacht habe, indem ich darauf erwiderte: ‹Wieso? Man kann sich doch immer auf das Bett von jemand anderem legen.›

Wie ist Dein Examen ausgegangen? Weißt Du, daß ich mich zum Tee mit Deiner Mutter und Deinem Vater in einem Café in

Covent Garden treffen werde? Ich sehe dem mit einiger Sorge entgegen. Ich habe das Gefühl, die Stühle werden für schmale, moderne Hüften gemacht sein, die Sandwiches zäh und die Vollkornbrötchen mit gemahlenem Sesam gefüllt. Dazu wird es Kräutertee mit braunem Zucker geben, und Deinem Vater wird die Atmosphäre irgendwie nicht passen. Aber man weiß ja nie.

Mit den besten Wünschen
Tante Fay

London, Juli

Liebe Alice,
das mit Deinem Examen tut mir entsetzlich leid. Ist es meine Schuld? Vermutlich. Deine Mutter hat die Verabredung in Covent Garden abgesagt.

Warum versuchst Du es nicht an einer amerikanischen Universität? Ich zahle dafür.

Alles Liebe
Tante Fay

Fünfzehnter Brief

Das Angebot eines Verlags

London, Juli

Liebe Alice,
was für eine großartige, verblüffende, erfreuliche Nachricht. Verleger meinen, was sie sagen. Wenn sie sagen, sie wollen einen Roman veröffentlichen, dann wollen sie es. Wenn sie sagen, sie sind von *Die Rache der Ehefrau* entzückt, dann meinen sie, sie werden daran verdienen. Wenn sie sagen ‹beeindruckt›, meinen sie damit, daß die Kritiker das Buch schätzen werden, wenn auch nicht unbedingt die Leser. Wenn sie sagen, sie wollen Dir 700 Pfund dafür zahlen, frage einen literarischen Agenten, einen, der keine Attrappe des Verlegerverbands ist, sondern eine klare Vorstellung von seiner Pflicht dem Klienten gegenüber hat: nämlich, mit Verlegern zu kämpfen. Ich schicke Dir Adressen. Nur mußt Du wissen, daß mehr Geld jetzt, weniger Geld später bedeutet. Du bekommst erst Honorare ausgezahlt, wenn das Buch den Vorschuß eingebracht hat. Wenn Du an Dein Buch glaubst, setze auf eine höhere Beteiligung und einen kleineren Vorschuß. Andererseits, je mehr Vorschuß sie bezahlen müssen, desto mehr stecken sie in die Werbung . . .

Verleger teilen Bücher ein in ihrer Meinung nach 1) gute-gute Bücher, 2) schlechte-gute Bücher, 3) gute-schlechte Bücher und 4) schlechte-schlechte Bücher. Die Kategorien 2 und 4 lehnen sie ab; Kategorie 2 mit vielen Entschuldigungen und Erklärungen, Kategorie 4 mit vorgedruckten Ablehnungsschreiben. Ihr Urteil kann natürlich falsch sein. Nach der Reaktion, die Du erhalten hast, nehme ich an, daß sie Dich in Kategorie 3 einordnen, die Kategorie, aus der die meisten Bestseller kommen. Da sie Dein Buch angenommen haben, würde ich mir an Deiner Stelle nicht zuviel Gedanken darüber machen, was sie davon halten. Wenigstens schlagen sie Dir nicht vor, den Ort der Handlung von einer Universität in eine Fischfabrik zu verlegen, mit der Begründung, proletarische Umgebungen seien zur Zeit *in*.

Was sagen Deine Eltern? Bist Du nicht aufgeregt? Ich bin es! Willst Du nun ‹Autorin werden› oder wie geplant an die Universität von Kalifornien gehen? Wenn Du ersteres tust, sparst Du viel Geld, aber ich hoffe sehr, Du tust es nicht. Ganz bestimmt habe ich Dir in einem meiner früheren Briefe von den Gefahren geschrieben, die das Schriftstellerleben in sich birgt. Du könntest doch an die Universität von Kalifornien gehen *und* schreiben? Es ist möglich, beides zu tun; Du hast bewiesen, daß sich vereinbaren läßt, was viele Deiner Kollegen als unvereinbar ausgeben – Literaturwissenschaft zu studieren *und* zu schreiben; mit dem einen Teil Deines Hirns zu analysieren, mit dem andern zusammenzusetzen. Vielleicht halten die heiße Sonne und das blaue Meer Dich davon ab, weiterzuschreiben: ich plädiere noch immer für Aufschub, während ich Dir zugleich einen internationalen Bestseller wünsche.

Wenn man bedenkt, daß Du nie *Überredungskunst* gelesen hast! Komplizierte Zeiten.

Wahrscheinlich ist es klug von Dir, Dich zusammen mit der Frau Deines Professors der neuen Keuschheitsbewegung anzuschließen. In bin froh, daß ihr beide zusammengekommen seid. Es stand in den Karten. Überlasse Deinen Professor seinem neuen Assistenten, Deinen Freund der Schwester Deines Professors und lies *Überredungskunst*.

Laß mich Dir den ersten Absatz zitieren:

Sir Walter Elliot von Kellynch Hall in Somersetshire war ein Mann, der zu seinem Vergnügen nie ein anderes Buch als das Adelsregister in die Hand nahm; darin fand er Beschäftigung in einer Stunde der Muße und Trost in einer des Kummers; dort wurde er nach seinen Kräften zu Bewunderung und Achtung angestachelt, wenn er die kargen Überreste der frühesten Ritterschläge betrachtete; dort wandelte sich jegliche unwillkommene Empfindung, die von häuslichen Angelegenheiten herrühren mochte, aufs natürlichste in Mitleid und Verachtung, wenn er die beinahe endlosen Ernennungen aus dem letzten Jahrhundert durchblätterte – und dort konnte er, selbst wenn jedes andere Blatt ihn nicht zu fesseln vermochte, mit nie versagendem Interesse seine eigene Geschichte lesen – dies war die Seite, bei der sich der Band, der ihm der liebste war, stets öffnete . . .

Alles übrige liegt bei Dir.

Mit lieben Grüßen
Tante Fay

SECHZEHNTER BRIEF

Das Wunder der Schöpfung

London, August

Meine liebe Alice,
es wird Zeit, daß ich mit einem neuen Roman beginne – es wartet einer in den entlegenen Winkeln meines Kopfes, wie ein Krake unter einem Korallenriff, streckt gelegentlich einen Fühler aus und dringt mir ziemlich schmerzhaft ins Bewußtsein. Ich werde reagieren müssen, das merke ich – hinuntertauchen und ihn hervorzerren, in flachere, hellere Gewässer hinauf, wo ich ihn mir genau ansehen kann, um ihn dann zu packen, zu töten, zu zerhacken, paniert zu braten und in irgendeinem Schnellrestaurant aufzutischen. Das Buch, das zu schreiben man vorhat, ist nie das Buch, das man dann tatsächlich schreibt. Ein gebratenes Stück Oktopus auf einer Gabel, verglichen mit der geheimnisvollen, verborgenen Größe des lebendigen Dings. Nun ja.

Nein? Eine zu lächerliche Metapher? Vielleicht bist Du mir dankbar dafür, daß ich vorhabe, mich nicht länger mit dem Schreiben von Briefen an Dich abzulenken und statt dessen an *Amygdala* weiterzuarbeiten. Das Wort bezeichnet jenen Teil des Hirns, in dem sich das Wut-Zentrum befindet. Der Roman spielt in der Zukunft, zweihundert Jahre nach uns. Die Verleger und literarischen Agenten raten mir ab – nicht offen natürlich, sondern durch ihre ein wenig verwirrten Leidensmienen. Derlei beherrschen sie sehr gut.

Ich werde Dir eine Leseliste schicken. Ich hoffe, Du findest das nicht gönnerhaft von mir. Du hast in drei Monaten mehr

Exemplare von *Die Rache der Ehefrau* verkauft als ich von meinen sämtlichen Romanen zusammen (nun ja, wenigstens in diesem Land. Ich will nicht zu weit gehen). Ich freue mich, daß ich in so vielem irre; allerdings stehe ich noch immer auf dem Standpunkt, daß es besser sei, zu lesen als nicht zu lesen, und ich beklage immer noch das, was Du Dein «liebenswertes Analphabetentum» nennst. Bist Du womöglich dabei, einen eigenen Stil zu entwickeln?

Manchmal finde ich, all dies stimmt so heiter – Ideen, Vorstellungen, Phantasien, Vermutungen, falsche und richtige Behauptungen, guter und schlechter Rat, das sich von Tag zu Tag fließend wandelnde Muster der Wahrheit –, heiter genug, um uns unsterblich zu machen. Diese Dinge hat es gegeben und wird es darum in einem gewissen Sinn immer geben: sie sind ohne zeitliches Ende. Nur unsere Körper sind endlich. Sollen sie uns doch alle in die Luft jagen, wenn sie wollen, den Planeten in Asche versinken lassen (wie die Redewendung lautet) – der Sprung vom Nichts zum Etwas findet, wenn er einmal vollzogen ist, immer wieder statt. Das Wunderbare an der Schöpfung ist, daß sie nicht zu zerstören ist: nicht die Schöpfung selbst. Die Seiten von *Emma* hier in der realen Welt mögen schließlich vergilben und sich wellen und ungelesen bleiben. Emmas Stimme mag versagen und mit einem letzten Satz verklingen: «Aber Miss Bates, wir haben hier eine Schwierigkeit . . .» Und doch glaube ich, daß die Stadt der Erfindung stehenbleiben wird, auch wenn alles sonst einstürzt.

Es kommt nicht darauf an, Alice, kleine Alice. Hier und jetzt. Bleib Du mit Deinen Gedanken im Hier und Jetzt. Von Deiner Mutter höre ich, daß Du wieder Deine eigene Haarfarbe hast (die Du mauseschmuddlig nennst und die sie als gesund, sauber und natürlich bezeichnet). Ist das ein Fortschritt, oder ein Talisman gegen den Erfolg, ein Zeichen der Übersättigung mit

Aufmerksamkeit? Ich hoffe, Du kommst mit beidem gut zurecht. Und ich bin von Deiner Mutter zum Tee bei *Euch* zu Hause eingeladen worden, und Dein Vater hat sich bereit erklärt, anwesend zu sein, wenn ich nicht über Romane, Schreiben, Feminismus und verwandte Themen rede. Ich werde versuchen, die Unterhaltung auf die Themen Haustiere und Essen zu beschränken, und sehr glücklich dabei zu wirken.

In Liebe, Deine Tante
Fay

Eine alternative Leseliste für leicht Ablenkbare

Jeder Bestseller aus jedem Jahrzehnt. Bestseller sind im allgemeinen – meistens – keine Werke der Literatur, geben einem aber einen Hintergrund, an dem man ernstere Bücher messen kann. Sie haben zu ihrer Zeit eine verbreitete Sensibilität angesprochen.

Du solltest wenigstens oberflächlich Bekanntschaft mit den folgenden Autoren geschlossen haben – obwohl sie untereinander wenig gemein haben:

AUS AMERIKA: Edith Wharton, e. e. cummings (*Der Ungeheuere Raum*), Sinclair Lewis, Nathanael West, Budd Schulberg, John Updike, Philip K. Dick, Joseph Heller, Philip Roth.

AUS ENGLAND: Edmund Gosse, Robert Tressell, Flora Thompson, P. G. Wodehouse, Aldous Huxley, Robert Graves, Evelyn Waugh, Rosamond Lehmann, Graham Greene, Salman Rushdie.

VON ANDERSWO: Tschechow (die Kurzgeschichten), Turgenjew, Boris Pasternak, Jean-Paul Sartre, André Malraux, Georges Simenon, Hermann Hesse, Günter Grass, Gabriel García Márquez.

Ich erwarte, daß Du etwa die Hälfte davon weiter verfolgst. Füge sie den schwierigeren Autoren, die auf Deinen Lektürelisten von der Universität stehen, hinzu, und Du solltest dazu imstande sein, jeden Tischpartner bei jedem Abendessen im Land in ein literarisches Gespräch zu verwickeln, nicht um mit Deinen Kenntnissen zu prahlen, sondern einfach, weil Du an Büchern Vergnügen hast und wenigstens ein paar Hauptstraßen in der Stadt der Erfindung kennst.

Nachbemerkung der Übersetzerin

Sämtliche Romane von Jane Austen liegen deutsch in mehreren Ausgaben und zum Teil in mehreren Übersetzungen vor; in manchen Fällen weichen die von den Übersetzern gewählten Titel leicht von denen ab, die in diesem Buch gebraucht werden. Man lasse sich dadurch nicht abhalten, die überraschenden Häuser, die Jane Austen in der «Stadt der Erfindung» gebaut hat, genußvoll zu erforschen.

Bei den in diesem Buch erscheinenden Zitaten bin ich (weitgehend, d. h., soweit ich mit den Übersetzungen übereinstimmte) dem Text der folgenden Ausgaben gefolgt:

Jane Austen: *Mansfield Park*. Aus dem Englischen von Ursula und Christian Grawe. Reclam Verlag, Stuttgart, 1984.

Jane Austen: *Die Abtei von Northanger*. Aus dem Englischen von Margarete Rauchenberger. Insel Verlag, Frankfurt am Main, 1986.

Jane Austen: *Emma*. Aus dem Englischen von Helene Henze. Fischer Taschenbuch Verlag, Frankfurt am Main, 1961. Alle übrigen Zitate sind von mir übersetzt. – AP

Romane

Marie Cardinal
Die Irlandreise *Roman einer Ehe*
(rororo neue frau 4806)
Ein Paar macht Urlaub in Irland. Ein grausiger Fund am Strand führt beide auf die Spur zu sich selbst. Plötzlich lautet die Frage: Wer sind wir?
Schattenmund *Roman einer Analyse*
(rororo neue frau 4333)

Margaret Drabble
Die Begierde nach Wissen
Roman
(rororo neue frau 12763)
Die Soziologin Alix ist unterwegs zu ihrem Mörder. Liz, ihre Freundin, wird plötzlich mit Liebesaffären ihrer spießigen Schwester konfrontiert, und die Kunsthistorikerin Esther trifft auf einen nicht allzu heterosexuellen Staatssekretär. Margaret Drabble führt uns die achtziger Jahre an drei skurrilen Londoner Frauenschicksalen vor.

Toni Morrison,
Sehr blaue Augen *Roman*
(rororo neue frau 4392)
Es war einmal ein kleines Mädchen, das hätte so gerne blaue Augen gehabt – aber alle Menschen, die es kannte, hatten brauene Augen und sehr braune Haut... Toni Morrison gilt als eine der größten poetischen Begabungen unter den schwarzen amerikanischen Schriftstellern.
Solomons Lied. Teerbaby
Romane
Kassette mit 2 Bänden
(rororo neue frau 5740)

rororo neue frau

Fumiko Enchi
Die Wartejahre *Roman*
(rororo neue frau 5520)

Victoria Thérame
Paris erobern *Roman*
(rororo neue frau 12892)
Eine freche, sensible Erzählung aus dem erst neulich vergangenen Zeitalter der Sinnlichkeit.
Die Taxifahrerin
(rororo neue frau 4235)
Besser als jede soziologische Untersuchung erzählt Victoria Thérame von den Straßen von Paris und was Frauen und Männer heute voneinander halten.

Sandra Young
Ein Rattenloch ist kein Vogelnest
Eine Jugend in den Slums von Baltimore
(rororo neue frau 5188)

rororo neue frau wird herausgegeben von Angela Praesent und Gisela Krahl. Ein Gesamtverzeichnis der Reihe *neue frau* finden Sie in der *Rowohlt Revue*. Jedes Vierteljahr neu. Kostenlos. In Ihrer Buchhandlung.

3302/1

Romane und Erzählungen

Simone de Beauvoir
Marcelle, Chantal, Lisa... *Ein Roman in Erzählungen*
(rororo neue frau 4755)
Ihr «Gesellenstück» nannte Simone de Beauvoir ihren Roman über fünf Töchter aus gutem Hause – ihr erstes erzählerisches Werk, das sie jahrzehntelang unveröffentlicht aufbewahrte.

Mary Catherine Bateson
Mit den Augen einer Tochter
Meine Erinnerung an Margaret Mead und Gregory Bateson
(rororo neue frau 5904)
Wie erzog Margaret Mead ihre einzige Tochter? Wie erlebte das Kind die Trennung ihrer berühmten Eltern? Mary Catherine Bateson schildert in diesem Buch ihre außergewöhnliche Kindheit.

Marguerite Duras
Agatha. Atlantik Mann
(rororo neue frau 5825)
Ein Drehbuch und eine Erzählung der weltberühmten Schriftstellerin.

Martha Gellhorn
Reisen mit mir und ihm *Berichte*
(rororo neue frau 12628)
Packende Reportagen und sensible Erzählungen.
«Martha Gellhorn ist unfähig, einen langweiligen Satz zu schreiben.» The Times
Paare, Paare *Erzählungen*
(rororo neue frau 12511)
Das Wetter in Afrika *Ein Roman in Novellen*
(rororo neue frau 12354)

Maryse Holder
Ich atme mit dem Herzen
(rororo neue frau 4620)

rororo neue frau

Mead, Margaret
Brombeerblüten im Winter *Ein befreites Leben*
(rororo neue frau 4226)

Erika Pluhar
AusTagebüchern *Ausgewählt von Angela Praesent und Erika Pluhar*
(rororo neue frau 4865)

Alice Walker
Die Farbe Lila *Roman*
(rororo neue frau 5427)
Durch die Bluessängerin Shug entdeckt Celia, jahrelang mißhandelt, ihren eigenen Wert und ihre Kraft. Für ihren großartigen Roman erhielt Alice Walker den Pulitzer-Preis.

rororo neue frau wird herausgegeben von Angela Praesent und Gisela Krahl. Ein Gesamtverzeichnis der Reihe *neue frau* finden Sie in der *Rowohlt Revue*. Jedes Vierteljahr neu. Kostenlos. In Ihrer Buchhandlung.

3302/1b

Stories

Anne Devlin
Die Reise nach Anderswo *Stories*
(rororo neue frau 12475)
Die junge irische Autorin besitzt einen untrüglichen Blick für alltägliche Situationen, die unzählig andere blitzartig erleuchten. Ihren Geschichten muß man einfach zuhören.

Angela Carter (Hg.)
Füchsin, Dummerchen und Zauberin *Märchen aus aller Welt*
(rororo neue frau 12889)

Deborah Eisenberg
Reisen mit leichtem Gepäck *Stories*
(rororo neue frau 12877)
In jähen Wendungen und geschliffenen Dialogen seziert Deborah Eisenberg das amerikanische Großstadtleben der achtziger Jahre. «Wann immer ein wirklich guter Schriftsteller in Erscheinung tritt, wird ein neues Fenster zum Leben geöffnet. Das ist hier geschehen.» *John Updike*

Marianne Greenwood
Reise in meinem Adreßbuch *Geschichten*
(rororo neue frau 12952)

Gisela Krahl (Hg.)
Auf Zungenspitzen *Geschichten zum Einverleiben. Anthologie*
(rororo neue frau 13167)
Eine würzige Sammlung erotischer Geschichten und kulinarischer Krimis mit Beiträgen von Christine Brückner, Pea Fröhlich, Annegret Held, Anke Herrman, Angelika Mähl, Milena Moser, Irene Rodrian u.v.a.

rororo neue frau

Rosa Liksom
Schwarze Paradiese *Stories*
(rororo neue frau 13025)
Verlorene Augenblicke *Stories*
(rororo neue frau 13005)

Sindiwe Magona
An die Kinder meiner Kinder *Erzählung*
(rororo neue frau 13027)

Milena Moser
Gebrochene Herzen oder Mein erster bis elfter Mord
(rororo neue frau 12974)
Morde aus nichtigem Anlaß. Wegen eines Mißverständnisses. Aus Liebe. Bitterböse, absurd-kühle Geschichten hat die junge Schweizer Autorin geschrieben. «Ein tolles Debüt.» *Brigitte*

rororo neue frau wird herausgegeben von Angela Praesent und Gisela Krahl. Ein Gesamtverzeichnis der Reihe *neue frau* finden Sie in der *Rowohlt Revue*. Jedes Vierteljahr neu. Kostenlos. In Ihrer Buchhandlung.

3302/1d